邮轮体验设计

CRUISE EXPERIENCE DESIGN

涂山 著

江苏凤凰美术出版社

序
Preface

中国古代对"游"的字义解释为"旌之垂"(《说文解字》),其本义是旌旗的垂落,自由自在地漂游,可引申为自由自在。旅游的意义就是自由生命的自由体验。真正的旅游者不应该是浮光掠影、走马观花的匆匆过客,而应该是玩物适情、情与物游、品味全过程的体验者。邮轮旅游,由于限定了游客活动的空间(邮轮内部)和时间(固定航程),对设计提出了更高的要求。邮轮美学须着眼于在有限的时空内,最大限度地丰富和提升游客的出行体验,通过研究目标市场的文化传统和游客群体的行为模式,对邮轮内部各要素进行相应设计,为游客创造一种新奇、舒适、健康且有正向引导作用的休闲娱乐和生活方式体验。邮轮旅游当然能够成为许多人的梦想和回忆,也因此高度情感化;它是一种有传承的活动,不仅关乎五感的体验,还会让你明确地意识到人和海洋、自然以及地球的关联。

邮轮产业作为一种集设计创意、智能制造、文创旅游的复合型经济形式,一直保持着高速的发展。而中国改革开放带来的高速发展,使人民摆脱了贫困,生活水平不断提高,越来越多的人开始选择乘坐邮轮旅游。目前中国邮轮市场已经成为世界上增长最快的市场之一。2017 年 2 月,中国船舶工业集团有限公司和美国嘉年华集团、意大利芬坎蒂尼集团在北京签署了中国首艘国产大型邮轮建造备忘录协议(MOA),中国和意大利两国元首见证了文件的签署。中国的邮轮产业正在快速起步。《邮轮体验设计》一书从体验设计出发,通过设计方法的研究,从历史的流转以及意识形态变迁的角度,透过现象来理解邮轮设计的初衷,同时也探讨了必要的工具和方法,以及和邮轮系统工程的衔接,是全面了解邮轮创意设计的重要著作。对目前我国邮轮设计及创意的研究是一个有力的支撑。

正如布莱恩·阿瑟所说的"经济是技术的表达"。设计作为人和技术的介质,可能既是技术和经济的表达,更是文化信息的传递。设计仅作为经济的盈利工具,或者是技术的人性化外皮,当然是不够的。邮轮体验设计能作为具有创新活力和社会意义的中国人本价值的载体,是邮轮设计研究的主要目标。

鲁晓波

清华大学美术学院院长

2021 年 3 月

前 言
Introduction

美国战略地平线 LLP 公司的共同创始人约瑟夫·派恩二世和詹姆斯·吉尔摩撰写的《体验经济》一书中将"体验"定义为"企业以服务为舞台，以商品为道具，以消费者为中心，创造能够使消费者参与，值得消费者回忆的活动"。体验经济是以满足人们的各种体验为目标的一种全新的经济形态，是继农业经济、工业经济和服务经济之后的一种主导型经济形态。在体验经济中，企业不再仅是销售商品或服务，它提供最终体验并充满感情的力量，给顾客留下难以忘却的记忆。邮轮固然要涉及动力系统、流体力学、工业及产品设计、空间的组织及室内设计，但它不可以只被作为交通工具来设计，它一定是一种生活方式的设计及传达。邮轮旅游是一种天然的体验经济形态，它作为人们求新、求异、求奇、求美、求知的重要途径，是体验经济的典型。游客所购买的产品或服务在本质上不再只是实实在在的商品或服务，而是一种经历和感知，一种情绪上、体力上、智力上甚至精神上的体验。而中国邮轮产业在目前的形势下，显然不能也不必完全复制国际上的邮轮设计和生产模式，重点要放在理解邮轮产业作为一种体验经济的形式之下，对中国游客在船上所见所感的全部元素进行整体规划，对住宿、餐饮、娱乐、运动、服务、观景等各环节进行综合考量后，建立以地域体验为主线的邮轮产业系统。

本书围绕体验设计来组织邮轮的发展、整体规划设计和工程实施等相关内容，全书分为"邮轮｜"游轮""总体｜空间""旅程｜场景""设计｜工程"四章，共二十四个专题，从更多的维度阐述体验设计对邮轮的重要性。本书对邮轮的时空、事件、任务、设计进行了系统地梳理，将邮轮设计思维体系和工程思维体系做了衔接，面向未来思考的同时，也给出了实用的设计工具、方法和准确的数据信息。对有意拓展视野的职业设计师和设计学学生来说，本书能够帮助他们了解相对陌生的邮轮知识和技术特征，拉近设计师参与邮轮创意的距离，使他们能更为自如地拓展新的体验设计类型；从事船舶工程设计制造专业方面的人士通过本书能够了解体验设计的目标、新思路和创新方法，同时也能使造船人理解创意设计的重要性，掌握工程设计的关系以及协同结合的要点，为未来的协同设计做好准备。

受限于我的专业认识水平和文字能力，想涉及更多的方面，又有些难以完全权衡，虽然书稿进行过多次修改与调整，仍不可避免存在疏漏及未能明了之处，请读者谅解。也正因为如此，这些未解问题成了我继续探究的方向和目标，更期待通过对邮轮的研究明了设计的未来。

涂 山

2020 年 11 月于学清园

目 录
Contents

第一章

邮轮｜游轮 From Liner to Cruise Ship

19 世纪初，蒸汽机作为一个全新的技术发明被引进到造船业。19 世纪 40 年代，冠达创立了定期航行的跨洋班轮，开创了运送洲际移民和邮件的业务，随后花费了数十年逐步建立完善了与之相配套的体系，包括各类组织、法律、规范、机制及流程。20 世纪 60 年代，商用喷气飞机出现，邮轮逐渐退出了洲际交通运输行业，但邮轮行业通过市场创新，开发出新的需求来适应消费社会和全球化用户，重组了自身的技术系统，邮轮变身为旅游的目的地，成为服务及体验经济的代表和典型。

以 20 世纪 70 年代初喷气飞机替代邮轮作为洲际交通工具作为节点，邮轮的发展简分为两个非常明确的阶段，前一个阶段是跨洋航行的班轮，以人员交通兼顾货物运输为目的，是作为交通工具的邮轮时期；后一阶段是以休闲为目的，邮轮本身就是旅游目的地的"游轮"时期。定期跨洋班轮之前是以帆船为主的壮阔的大航海时代，以探索发现、殖民和货物贸易为主，船上也少有为乘客特别设计的内容。从风格史的角度，结合需求变化、使用方式及意识形态变迁进行分段，我们可以将邮轮的 180 年的发展史分为五段。事物发展变化都会有个过程，这里的分段是为了更好地帮助了解邮轮的发展，其交替的时间点并非精确到某个时间点上，所谓风格、技术的流转也都是这样。风格不仅是对共性的视觉形式内容的归纳，或者总结一艘邮轮和其他邮轮具有较多的共性的视觉特征，更是因为风格的使用能反映时代的精神和社会及人群的生活状态。

另一方面，我们也注意到邮轮是个庞大的系统，从视觉上看不可能仅仅展示某一风格的形式特征，大部分情况下可能呈现为各种风格的混合体，且邮轮风格的流转，也不完全和功能、技术的发展阶段契合，在后现代主义和消费文化相互作用之后的时代中，风格的碎片化似乎是不可避免的趋势。我们可以借用设计史及建筑史已有的风格，如罗马式、哥特式、巴洛克或是古典复兴主义、帝政风格、新艺术运动、国际现代主义或是后现代主义等来归纳邮轮风格的特征。如英国旅游学者厄里将现代建筑分为三种：发生在现代之后（after）、回归（return）前现代（pre-modern）和反现代（anti-modern）【1】，这样的方法也可以用来分析现代邮轮的设计风格，相对模糊形式的归纳对于总结现代邮轮风格发展来说也是适合的。

1840 年第一艘邮轮下水运行

至 19 世纪末

技术准备时期
Technology
Transition

在铁和煤炭统治的这个时代，

船只的行驶不再受限于人力、自然的风力和水流，

技术带动社会也进入了更快、更多、更大的发展，

铁路和汽船所到之处，工业文明也传播到那里。

虽然仅是从风格角度来看待这一时期，

邮轮的"形式"方面的内容不多，

但这一技术转换时期对于现代设计发展是非常重要和必须的过程。

正如在 1990 年，新艺术运动先驱亨利·范·德·维尔德① 所说的那样：

"工程师们站在新风格的入门处"，

他们是"当今时代的建筑师"。

我们需要"产品要有合乎逻辑的结构，

运用材料要大胆合理，加工方法要直截了当"【2】。

现代设计正处于准备发动巨变的前夜。

① 亨利·范·德·维尔德，1863 年出生于比利时
的著名艺术家、设计师，是新艺术运动的代表人物
之一，曾任包豪斯学校前身的魏玛美术学校校长。

塞缪尔·库纳德

1839 年，加拿大人塞缪尔·库纳德赢得了英国跨大西洋信件传递合同，开启了用蒸汽船往返于英国和北美间的航线。这个加拿大人有着敏锐的市场洞察能力和探索新技术的勇气，他在 1840 年成立了不列颠北美皇家邮局蒸汽运输公司，后来通常被称为冠达专线（Cunard Line）。冠达目前仍然在运行，是迄今为止世界上历史最为久远的邮轮公司。冠达的第一艘邮轮"布列塔尼亚"号蒸汽船于 1840 年 7 月 4 日驶离利物浦前往美国，并于 14 天后顺利返航，邮轮从此正式登上历史舞台。到 19 世纪末，邮轮完成了从帆船到蒸汽机技术的过渡，金属结构船身和船体推进系统从两侧的明轮到船尾的螺旋桨驱动的技术革新和迭代，冠达建立了定期班轮制度和去往全球的邮件服务系统以及基于新的蒸汽时代的船只技术、运营体系，在不断追求船只的速度、提升动力的同时探索平稳、舒适、操控和安全的平衡。

虽然第一艘跨越大西洋的邮轮是"布列塔尼亚"号，但说到邮轮的起步，必须提到英国的一位开创性人物伊桑巴德·金德姆·布鲁内尔（Isambard Brunel）①。随着全球贸易的发展，对英国而言，对快速高效的远距离海洋运输方式的需求变得愈发迫切，1837—1847 年正是英国铁路投机高潮迭起的十年，身为大西部铁路公司工程师的布鲁内尔提出通过建造第一艘能跨过大西洋的汽船，将大西部铁路运输线路跨过大西洋延伸到纽约，同时布鲁内尔希望这艘船能赢取为最快跨越大西洋船只设立的"蓝绶带"奖②（根据传统，蓝色绶带会授予最快跨越大西洋的客轮）。布鲁内尔的方案获得了广泛支持，最终建成的"大西方"号于 1837 年 7 月下水驶往美国纽约。"大西方"号的木质船身长 71.93 米，采用蒸汽机带动明轮驱动。"大西方"号差了几天没能成为第一艘跨越大西洋的蒸汽船，但它以速度取胜，从前者手上拿回了"蓝绶带"奖，开启了动力船竞速跨越大西洋的历史。

布鲁内尔一生设计了三艘船："大西方"号（1837年）、"大不列颠"号（1843 年）和"大东方"号（1858年），每艘船在下水时都创造了某项世界纪录，他在造船工程领域作出了杰出贡献。

"大西方"号

大西方汽轮公司的愿景是创建能越过海洋的连续交通网络。布鲁内尔通过研究发现更大的船所需要的燃料比小船要比例地减少，于是着手设计建造了当时最大的轮船"大西方"号。从图中可以看出这是一艘安装了蒸汽机，但依然保持了古典高桅帆船（Tall Ship）模样的邮轮。

① 2002 年，英国 BBC 广播公司进行了一项全国民意调查，选出 100 位最伟大的英国人。"二战"时期的英国首相丘吉尔位列第一，排在第二位的就是伊桑巴德·金德姆·布鲁内尔，这个略显陌生的名字，作出的贡献几乎先于他的时代。布鲁内尔主导了大量铁路、桥梁等交通领域的建设任务，设计了英国布里斯托优美的克里夫登吊桥和创纪录的蒸汽机驱动的"大西方"号，两者都是建筑史上经常提及的案例。从铁路工程到造船工程，无不是开创性的工程设计实践。

② 这个奖项在 19 世纪 30 年代之后的近 160 多年中，在邮轮界一直享有极高的知名度。其评选方法是计算邮轮的平均时速，当时参与横渡大西洋客运业务的邮轮公司，为了标榜自己的实力，纷纷以"速度最快"为追求目标，逐渐形成了一个约定俗成的惯例：以最快平均速度横渡大西洋的邮轮，有权在主桅升起一条长长的蓝色绶带。

被拖去解体的战舰 "无畏" 号（*The Fighting Temeraire*）
透纳创作于1839年，展现了夕阳之下被蒸汽拖轮拖往拆船厂的英国海军旗舰
"无畏" 号帆船，昭示着技术的更迭和蒸汽机钢铁时代的到来。

克里夫顿悬索桥（The Clifton Suspension Bridge）
由布鲁内尔所设计，建于1831年，横跨两座26米高的塔楼之间，跨度为214米。尽管这座桥是为行人和马车而建的，但现在每年仍可通行约400万辆汽车。

水晶宫（Crystal Palace）
ⓒ水晶宫足球俱乐部
是1851年伦敦世博会会场，主要建筑材料以钢铁为骨架、玻璃为立面，创建了轻盈和透明的现代建筑的技术蓝本。

20 世纪初
到第一次世界大战开始

海上宫殿时期

Palace
on
the Sea

19 世纪，乘坐邮轮跨越大洋出行是有风险的，也是极为艰苦的行程，
邮轮设计还在于满足乘客基本需要。

乘客除了水手，大部分是前往新世界的社会底层移民，

在本国生活或多或少遇到了阻碍或者困难，

希望通过迁徙改变其人生的轨迹，所以甘愿冒着风险去往新世界。

到了 19 世纪末，随着航行技术的稳步提升，远航乘客的成分逐渐出现了变化，

社会的权贵阶层也开始乘船跨洋移动，

这直接导致了 19 世纪末邮轮舒适性提升的竞争和邮轮舱位的分级设置。

20 世纪初十年间的跨大西洋航运竞争奠定了邮轮发展的基本格局，

速度已经不是最主要的了，邮轮的内部设计开始同步于陆地上的酒店室内设计发展，

这使邮轮真正成为一座漂浮的宫殿。

酒店业自此持续地影响着邮轮发展格局及设计风格。

20 世纪初，现代酒店业标准初步形成，每一个国际
大城市至少拥有一家著名酒店。19 世纪末，凯撒·丽兹
和埃科菲（Auguste Escoffier）[1] 创立了欧洲首批现代奢
华酒店：沙威 (Savoy)[2]、卡尔顿 (Carlton) 和丽兹酒店 (Ritz
hotel)[3]。1898 年揭幕的丽兹酒店是巴黎的著名酒店，并

[1] 埃科菲（Auguste Escoffier）是一位传奇厨师和烹饪
家，丽兹酒店的创始人之一。他被广泛认为是现代法
国菜之父，将法国高级料理提升到了新高度，并以英
国为起点，向全世界扩展。

[2] 伦敦的沙威是第一个内置剧院的酒店，是酒店多功
能化的引领者。

[3] 巴黎的丽兹酒店是世界上第一家在每间客房安装私
人浴室的酒店。

丽兹酒店
©Bloomberg

成为欧洲酒店的典范之一。凯撒·丽兹和埃科菲随后获得了建设伦敦的丽兹酒店的邀约。身为大厨的埃科菲深受欧洲皇室的欢迎，特别是德国古斯塔夫皇帝的欣赏，1905 年埃科菲受邀在德国汉堡—美洲航运公司（Hambug-Amerikanische Packetfhart Aktien Gellschaft，简称 HAPAG）开设了丽兹的餐厅。巴黎丽兹酒店的设计师法国人梅维斯（Charles Mewès，1860 — 1914)设计了伦敦丽兹酒店以及"阿古斯塔·维多利亚皇后"号（SS Kaiserin Auguste Victoria ）邮轮，邮轮和酒店同步引领了当时的设计潮流。丽兹酒店的配置、标准以及服务，结合其设计风格被广泛地注入邮轮的室内设计之中，巴黎的丽兹酒店是第一家客房配套了内部卫生间的酒店，随后配备卫生间的矩形房间成为邮轮头等舱标准的基本形态，这也成为日后邮轮客舱的标

杆布局。这一时期的邮轮以陆地上的建筑古典复兴主义风格为主体，成为奢华的"浮动宫殿"。新的技术在它出现之初的阶段都是伴随着价值观念激烈地变动，以至于被那个时代的大众所反感，工艺美术运动对过去时代的回响反映了民众及艺术家的质疑和对抗。工程师专心技术发明和改进，对艺术设计的隔膜和漠不关心，使得技术和设计即便是应用在同一个事情上也是分裂的两个脉络，这一时期的邮轮就是典型的技术和设计分裂。新艺术运动的领导者是最先把这个时代看成是机器的时代【3】的一群人。著名新艺术运动倡导者亨利·范·德·维尔德曾有机会参与"阿古斯塔·维多利亚皇后"号的设计，但最终擦肩而过。这一时期欧洲大陆能够理解技术作为时代精神的新设计思潮和先进的技术，但最终没能同步在邮轮的设计上，不得不说是个遗憾。

"阿古斯塔·维多利亚皇后"号
SS Kaiserin Auguste Victoria

下水年代	1906
吨位	24,581 GRT
载客人数	1,897
长度	206.5 m
宽度	23.6 m

北德意志劳埃德公司（Noddeutscher Lloyd，简称 NDL）和德国汉堡 - 美洲航运公司是德意志帝国的早期的邮轮及航运公司。北德意志劳埃德公司成立于 1858 年，在全球范围内提供直接服务，而成立于 1856 年的德国汉堡 - 美洲航运公司则为北美洲以及通过子公司向世界其他地区提供班轮服务。两家公司很快成为英国在大西洋沿岸航线的主要竞争对手，德国人的竞争体现在提高乘客的舒适度上。20 世纪初，德国邮轮主要的做法是把陆地上的宏伟酒店设计搬上船，这其中最重要的邮轮就是由阿尔萨斯建筑师梅维斯设计的于 1905 年下水的"阿古斯塔·维多利亚皇后"号，从这条船开始，邮轮被称为"海上宫殿"。20 世纪初，由阿尔伯特·巴林（Albert Ballin）负责的德国汉堡 - 美洲航运公司准备建造两艘大型跨大西洋邮轮。阿尔伯特·巴林本来有意请新艺术运动的代表人物亨利·范·德·维尔德参与设计，但德国皇帝表达了对新艺术运动的厌恶。巴林

参观了伦敦刚建成的丽兹酒店，最终选择了丽兹酒店的设计人法国人梅维斯来完成这一设计。丽兹酒店的折中主义的室内氛围提供了高雅、令人舒适的社交环境，同时也不过于招摇。"阿古斯塔·维多利亚皇后"号体现出的 20 世纪初欧洲最高水准酒店的法国美学氛围无疑是国际化的。

由于丽兹酒店的介入，其设施和服务方面也引入了当时酒店业的最高水准，可以说"阿古斯塔·维多利亚皇后"号各方面都具备了现代邮轮的主要特征，成为汇聚了欧洲先进文化和技术的载体。在这之后，英国的冠达和白星邮轮也加入了空间舱室设计风格和服务水准的激烈竞争，开启了辉煌的邮轮"海上宫殿"阶段。

"泰坦尼克"号头等舱大厅（上图）
"泰坦尼克"号咖啡厅（中图）
"泰坦尼克"号（下图）

著名的"泰坦尼克"号就是这一时期的标志性邮轮。它全长约 269.06 米，宽 28.19 米，龙骨到舰桥的总高度为 31.69 米，注册吨位 46328 吨，排水量达到了规模空前的 52310 吨，主机功率 46000 马力，并创新性地安装了 3 副螺旋桨，强大的动力使"泰坦尼克"号的速度达到了 23 节。4 根粗壮的烟筒标示着船只的动力（实际上只有 3 根真正用于锅炉燃烧的排放，4 号烟筒作为主厨房的排烟和通风之用）。更重要的是，"泰坦尼克"号头等舱区域有奢华、精致的内饰和堪称空前完善的配套。船上设施齐全，包括室内游泳池、健身房、土耳其浴室、图书馆、电梯和壁球室，同时竭尽全力地提供了前所未有的服务。直到现在，邮轮上还有一种叫作"白星"的特种服务级别[1]。

① 白星邮轮在 1934 年被冠达邮轮并购，冠达邮轮保留了"白星"服务（White Star Service）作为一种特色的服务内容。

"泰坦尼克"号
RMS Titanic

下水年代	1912
吨位	46,328 GRT
载客人数	2,435
长度	269.06 m
宽度	28.19 m

它的室内设计与之前邮轮上典型的英国乡村别庄园式风格不同，而是参考当时的酒店设计风格，以伦敦丽兹酒店的帝政风格为参照，用精细的木质镶板装饰，配有高级家具以及其他各种高级装饰的凡尔赛宫风格的头等舱休息室，伦敦丽兹酒店风格的零点餐厅，巴黎林荫大道风格的咖啡厅等，提供给乘客"一座漂浮的宫殿"般的感受。用《造船家》杂志的话说："'泰坦尼克'号在许多细节方面模仿了凡尔赛宫……摆满路易十五风格家具的休息室，风格类似法国的小特里亚农宫沙龙，壁炉上的雕刻作品是《凡尔赛宫的狩猎女神》，还有其他精美的浮雕和艺术作品……"

"泰坦尼克"号大楼梯上部的采光穹顶

经典的邮轮头等舱楼梯，由抛光的橡木、铸铁
和镶嵌玻璃天窗构成，举灯的天使从凡尔赛宫
复制而来，美丽的穹顶天光之下，是头等舱客
人亮相和社交开启之处。

"泰坦尼克"号头等舱

"泰坦尼克"号大楼梯

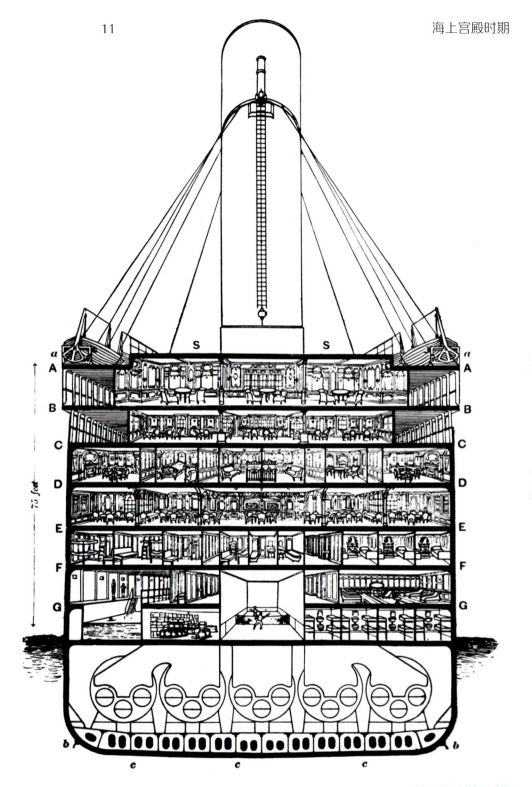

"泰坦尼克"号 剖面示意图

Pursuing 对舒适的需求
Comfort

　　当时的美国移民法规定，为了防止偷渡和传染病，三等舱（统舱）乘客要全程与头等舱和二等舱隔离。"泰坦尼克"号分为头等舱、二等舱和统舱三个级别，高级舱位位于上层建筑部分，而统舱位于船体部分的中下层。不同的舱室在空间上都是严格地区分开，各自拥有餐厅、活动空间及楼梯。头等舱区域的室内设计采用了当时陆地上高档酒店的设计风格，以期最大化地淡化海上生活的不适感，即便是三等舱也是当时条件最好的三等舱。不过三等舱在设计上乏善可陈，相关资料极少。该区域没有电梯抵达，客人们只能拖着所有行李通过楼梯到达位于船体底层 F 和 G 甲板的舱室，在指定的低等级餐厅用餐，活动范围局促，空气质量和卫生条件只能说是满足最基本的生存需求，700 个床位只提供两个公用的浴缸。

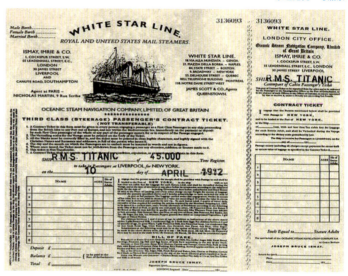

"泰坦尼克"号船票

"泰坦尼克"号处女航票价

住所	价钱	今日美元的近似价格
客厅套房	$4,350	$100,000
头等舱	$150	$3,500
二等舱	$60	$1,375
三等舱	$15-$40	$350-$900

　　从船票价格上看，最普通的头等舱也比三等舱的票价贵 4 倍，而最贵的头等舱单程票价则可以购买 120 张三等舱的单程船票。在当时，这张头等舱船票的票价可以在美国东海岸非中心地区购买三栋别墅。花费巨资完成同样的渡过大西洋的行程，当然不简单是为了舒适【4】。满足生理及安全要求是航行的最基本需要，乘"泰坦尼克"号的头等舱出行，显然不是亚当·斯密所谓的生活必需品，这样的消费实际购买的是社会地位的编码和符号，是一种炫耀性的宣誓行为，直观地标识了购买者的能力和地位。不同的票价满足的是完全不同的需求，充分说明了莫斯所谓的"人类需求的弹性是绝对存在的"。

　　邮轮的整个发展过程同样经历了从初级需求到抽象文化概念发展的过程。正如马斯洛所说："各层次的需要相互依赖和重叠，高层次的需要发展后，低层次的需要仍然存在，只是对行为影响的程度大大减小。"需求被满足后，就会变成低层次需求，虽然存在但似乎隐身了，同时会出现新的需求，并会重复：需求—满足—变成低层次需求—出现新需求这样一个循环。为了和白星竞争，冠达开始基于"毛里塔尼亚"号设计建造"阿奎塔尼亚"号邮轮，"毛里塔尼亚"号和"卢西塔尼亚"号，虽然速度上快过白星邮轮的"泰坦尼克"号，但"泰坦尼克"号的排水量大了1.5万吨，也显然更奢华。冠达克服各种困难，直接委托设计师梅维斯和戴维斯设计了"阿奎塔尼亚"号的头等舱区域。"阿奎塔尼亚"号于1913年下水，1914年5月首航纽约，但随着第一次世界大战的爆发，"阿奎塔尼亚"号先是转为运兵船，随后改为医院船，1919年恢复商业邮轮运营，1939年再次被政府征用加入第二次世界大战，它是唯一一艘参加过两次世界大战的邮轮。

　　"防护和舒适的需要应该被视为传统的沿袭，而绝不是生理的需要。亚当·斯密关于商品生产以及生产的产品流程最终指向消费的概念始终都是抽象的，并且和技艺的关联非常的模糊……人类需求的弹性是绝对存在的……"[5]

　　莫斯在《论技术、技艺和文明》一书中谈到的，人们对服饰及建筑的防护和舒适需求是传统的沿袭，是抽象的文化概念下的主观选择，是超越生理需求的奢侈品。

勒·柯布西耶（Le Corbusier）[①] 1923 年所著的现代主义建筑小册子《走向新建筑》[②] "远洋轮船"一章中提出的口号："住宅是居住的机器"【6】，将建筑比拟为轮船。全书罗列了邮轮、飞机及汽车的例子，包括冠达的"阿奎塔尼亚"号邮轮的许多照片，直观地普及了将建筑比拟为机器的认知。工业制造的超大型产品，如桥梁、蒸汽机机车、邮轮对现代建筑思想的形成产生了直接且巨大的推动作用，为整个艺术和现代设计注入的思维方法，这个影响主要在于"其理性态度的榜样，而不在于他们对新材料的应用。我们应该主要关心的正是这种理性的态度"【7】。

柯布西耶是邮轮的常客，曾多次乘坐 Lutétia，Patris II 和"诺曼底"号旅行。邮轮的整休外观及其制造系统对柯布西耶的建筑风格产生了深远的影响。远洋邮轮是独立的城市，让一个现代主义建筑师着迷："远洋邮轮展示了大型建筑提供理想生活条件的潜力。"不仅如此，邮轮还直接激发了柯布西耶创立了五个现代建筑要素：底层架空、开放式平面、自由立面、水平带型窗和屋顶花园，每个都能在邮轮设计中找到。

① 勒·柯布西耶生于瑞士，现代主义建筑设计先驱，主要的建筑设计作品位于法国，其中包括马赛公寓等，他提出和归纳了重要的现代主义建筑的特征。

②《走向新建筑》一书宣扬现代主义是一种几何精神，提出"住宅是居住的机器"口号，同时认定为人类建造一个新的家园将成为判定一个文明程度的决定性因素。

"阿奎塔尼亚"号邮轮

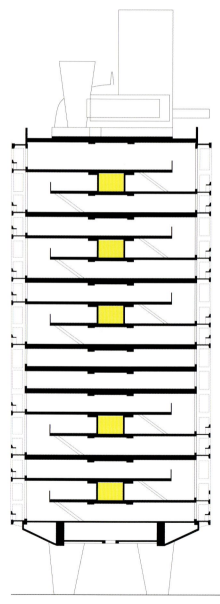

马赛公寓（上图）
马赛公寓剖面图（左图）
©WordPress

马赛的"远洋邮轮"

1952 年完工的柯布西耶设计的高层集合住宅马赛公寓，是法国面对战后住房短缺所做的绝无仅有的大胆尝试，也给柯布西耶提供了机会，使他能够在建筑设计上践行其"阳光城市"的理想。他希望通过建立一个能够摆脱原来城市系统的"邮轮"来昭示其城市和建筑的理念。马赛公寓是一个独立的小城市，高 12 层，设有商店、超市、理发室、托儿所、餐厅、电影院和屋顶露台。柯布西耶将邮轮作为高密度生活的典范，借鉴其人与机器之间的平衡，设置公共和私人空间，个人和社区互动空间。马赛公寓可容纳 1600 人的全部生活内容，是"空中之垂直花园城市"。

马赛公寓体量巨大，底层架空，自由的外立面、平面布局、开窗方式以及屋顶的花园，都可以在当时的邮轮上找到对应的空间布局及效果。

马赛公寓的有趣之处是在于集合住宅内混合布置了公共空间。更有意思的是和邮轮的三明治布局相似，公共空间的位置不是我们现在常见的建筑底层，而是布置在楼层的中间位置以及屋顶。笔者曾在 1997 年入住马赛公寓位于中间层的酒店，这一层在当时还设有餐厅和一个小的超市。屋顶露台是马赛公寓最重要的公共功能区之一，为居民提供用餐、运动、社交活动和娱乐的空间。

柯布西耶和马赛公寓草图

柯布西耶希望为所有居民创建一个"享受阳光、空间和绿树"的欢乐地方，就像船的甲板一样，居民可以在此呼吸新鲜空气并享受阳光。屋顶通风管道的造型类似于船上的烟筒，游泳池、运动场、混凝土座椅布局和邮轮甲板布局几乎相同，坐过邮轮的人很容易会将屋顶花园比照邮轮的顶层甲板设计来理解。

"铁路和远洋邮轮不仅在结构和效能上有很大不同，更重要的是旅行感受完全不同。"乘坐远洋邮轮旅行本身就是一种乐趣，使远洋邮轮如此吸引人的是旅程而不是目的地。柯布西耶将"重要的是生活经验、人生旅程"相类似的想法应用到马赛公寓。塔楼的设计元素旨在使生活更轻松、更愉快，并且更像是在远洋邮轮上的浪漫之旅。

现代建筑不仅借鉴了邮轮工程师的设计语言及理性思考，更从邮轮的集成系统受到启发，开启了对城市的革新之路。

两次世界大战之间

多元发展时期
Diversified Development

"一战"后，伴随美国国力的提升，
新的世界秩序出现，旧大陆到美国的新移民相对减少，
而欧洲移民的后代——新富的美国人开始造访欧洲，
邮轮乘客阶层结构的改变提升了普通统舱和旅行舱位的配置水平。
一方面，现代主义的思想开始传播并对邮轮的室内设计产生影响；
另一方面，战后欧洲民族主义倾向变得更为强烈，
邮轮的风格也超乎古典复兴主义，
对地域的风格追求使得邮轮显现出更为多元化的内饰风格。

1917 年，战后的德国进入魏玛共和国时期。但欧洲旧有的竞争格局依旧，协约国虽然战败，但是德国国家主义滋长，依然期望重新强大。德国战前主要的邮轮作为战争赔偿转给了英国冠达、白星以及美国的邮轮公司，直到 1929 年及 1930 年，德国北德意志劳埃德公司先后下水了"不来梅"号和"欧罗巴"号两艘创新型的邮轮，重启了跨洋航行的竞争。战后的政治思辨和倾向通过设计完全映射到了邮轮风格上，这些庞然大物被期待成为移动的国家形象大使，新的邮轮设计在现代主义和普鲁士巴洛克风格之间摇摆。

这两艘 5.1 万吨的新型邮轮在结构和船体线型的设计上都有重大突破，也分别获得过"蓝绶带"奖。邮轮船头部分的上层建筑，首次采用了具有空气动力学特征的弧面造型以减少阻力，两个矮胖椭圆形的粗壮烟筒。这是具有前瞻性的、未来主义的跨洋邮轮的外观，对后来邮轮的上层建筑造型产生了强烈影响。

"不来梅"号体现了进步的德意志制造联盟[①]的建筑师致力于以邮轮为载体传播工业制造时代的德国艺术及设计，其内饰由杜塞尔多夫建筑师和学术教授弗里茨·奥古斯特·布劳豪斯·德·格鲁特教授主持，布劳豪斯是当时最成功的德国室内建筑师之一、德国设计界的领军人物，他设计了大量的公寓和别墅，并主持德国铁路公

"不来梅"号

SS Bremen

下水年代 | 1929
吨位 | 51,656 GRT
载客人数 | 2,139
长度 | 286.1 m
宽度 | 31.1 m

©Great Ocean Liners

司 Mitropa 头等车厢餐车、兴登堡号 LZ28 齐柏林飞艇的舱室及另一艘小型邮轮的室内设计，可以说他对当时最新的交通装备上的室内设计都有所涉及。他也代表着德国建筑师的一种典型——关注包豪斯的技术和美学理念的发展，设计能力和技术娴熟，但更为关注商业上的成功，刻意保持政治倾向的中立甚至模糊，以便被国家主义的政府当局接受。其设计语言的通用词汇可以不加改动地用于任何地方，直到今天，德国设计仍然具有更关注设计中具体问题的解决的务实特征。不同于"不来梅"号，"欧罗巴"号回归了"一战"前德国巴洛克的折中主义装饰传统，反映出日益强烈的保守国家主义。相同型号的"不来梅"号和"欧罗巴"号对不同室内设计趣味的选择，揭示了当时德意志文化的倾向，折射出德国国家社会主义的崛起对邮轮设计的影响，包豪斯学校所主张的现代主义设计理念虽然诞生于德国，并且随后在全球推广开来，但在当时被德国主流意识形态所排斥。

① 1907 年，德国的一些制造商、建筑师、艺术家以及作家，成立了一个以"选择各行业，包括艺术、工业、工艺品等方面最佳的代表，联合所有力量向工业行业高质量目标迈进，帮助愿意为高质量进行工作的人们形成组织中心。"这个联盟叫"Werkbund"，也就是德意志制造联盟。

邮轮 | 游轮

"不来梅"号邮轮头等舱休息室（上图）
"不来梅"号邮轮头等舱餐厅（中图）
齐柏林飞艇（Graf Zeppelin）上的卧舱和厨房区（1928 年）（下图）

德国铁路公司 Mitrapa 火车餐车（左图）
©RETOURS

德国铁路公司 Mitropa 火车车厢（下图）
©RETOURS

德国铁路公司 Mitropa 的 logo（上图）
齐柏林飞艇（右图）

"诺曼底"号
SS Normandie

下水年代 ｜ 1932
吨位 ｜ 79,280 GRT（1935—1936）
83,423 GRT（1936年后）
载客人数 ｜ 1,972
长度 ｜ 313.6 m
宽度 ｜ 35.9 m

20世纪20年代末到30年代初，正是法国战后经济全面复兴的阶段，巴黎也同时成为世界文化之都。1932年10月，"诺曼底"号邮轮下水，创纪录地用4天零17个小时跨越大西洋，赢得了"蓝绶带"奖。"诺曼底"号的内饰着意选择了新艺术运动风格，配合当时最为先进的船体设计及造船技术，以传递时代的精神和法兰西共和国的成就。

"诺曼底"号比"不来梅"号和"欧罗巴"号大了三分之一。"诺曼底"号的竞争力在于更短的航行时间和技术提升带来的更为宽大的空间和时髦的国际化的新艺术运动风格的内饰及更高的服务水平。由俄罗斯人弗拉基米尔·阿尔瓦诺维奇·乌凯维奇（1885—1964）设计的新型船体——在造船界被命名为"乌凯维奇"船体——其水下部分的船艏及船身独特的造型能够大大减少船体侧面的兴波阻力，这是"诺曼底"号能够多次赢得"蓝绶带"奖的最重要的支撑。船舶推进技术的进步，反映在船速的提高、耗能的减少、发动机及排放装置和管道所占空间的缩小。为邮轮留出更大面积的公共空间，实现了布局的灵活性。"诺曼底"号创新设计是沿着船的中轴线展开的头等舱系列公共空间，在这近200米长，

3层楼高（14米）的包括前厅、宴会厅、大楼梯、咖啡厅等的公共空间中，完全没有结构柱，宏伟的大楼梯，连接着餐厅和咖啡厅，提供了礼仪焦点。熟悉1925年巴黎展览、展馆的人都能看出，"诺曼底"号的大楼梯是世博会最突出的场地之一，也是大皇宫中大楼梯的缩小版。墙壁上覆盖装饰玻璃瓦，运动、竞赛、海洋主题的艺术浮雕，空间由38个高大的支形玻璃吊灯和10个独立灯具提供照明，该空间比凡尔赛的镜厅还大，甚至有更多的镜子。700名头等舱乘客流连在这些空间之中，享受着高水平的服务和餐饮礼仪，在不知不觉中，仅用4天时间就渡过大西洋。

"诺曼底"号中轴线上的楼梯
©Peter Hagen

小皇宫
©Hannah Wilson
由建筑师 Charles Girault 设计，设计师试图把荣军院的圆形穹顶与凡尔赛的镜厅结合起来，整体呈现出古典的样式。中央拱门由一系列阶梯连接，其中铁门的设计深受新艺术的影响，是法国铁饰艺术的杰作之一。

"诺曼底"号邮轮中轴线上对称布局的餐厅

虽然机器时代已经来临，1925年的世博会也展出了柯布西耶设计的表达机器时代视觉语言的"新精神馆"，但是，围绕在埃菲尔铁塔周围的博览会的重要展馆中展示的都是新艺术运动的代表作品。法国设计师持续在邮轮的重要空间中使用发源于洛可可风格的新艺术运动风格的语言，传递奢华和高度细致的法国时尚风貌，如1927年下水的"巴黎"号及1932年下水的"诺曼底"号。通过新艺术运动对非洲、亚洲的中国、日本，及中美洲法国殖民风格元素的吸收和灵活运用，显示出了一种自信，也使新艺术运动在全球持久地发出影响力。新艺术风格是在19世纪最后几十年至20世纪初兴盛的建筑、家具和产品的造型风格，发源于法国洛可可风格，并受英国工艺美术运动的影响。不少理论家将新艺术风格视为艺术和设计最后一种欧洲风格，在它之后的风格运动，几乎都是民族甚至少数人群的运动，如德国的表现主义和意大利的未来主义。如果说新艺术运动展现了

欧洲文化统一的最后痕迹，1925年的巴黎世博会则是这一欧洲文化输出到全球的重要窗口。20世纪20年代后期，巴黎汇聚了全世界的文化艺术精英，以"装饰艺术与现代工业"为题的世博会，反映了战后十年法国在科学、艺术及文化发展领域的巅峰状态，确立了法国作为国际风行的高级时尚、奢侈品设计生产的引领者以及世界文化中心城市的地位。

"诺曼底"号邮轮楼梯及壁画装饰
©Peter Hagen

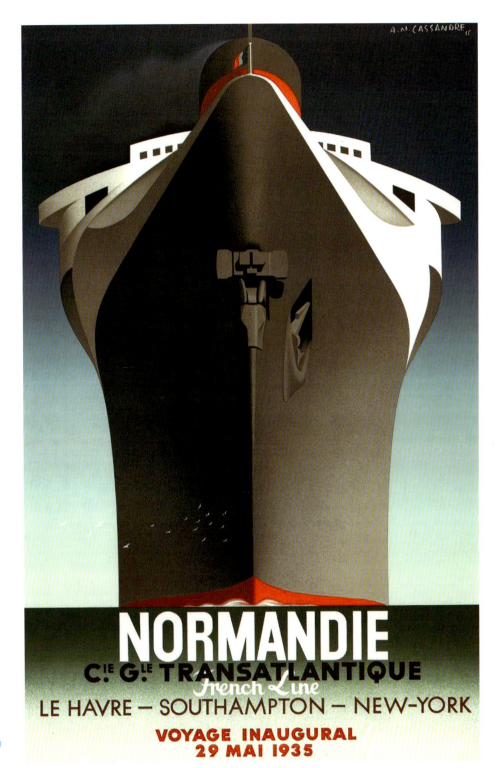

"诺曼底"号海报
©MOURON AM. CASSANDER
卡桑德尔 1935 年设计．夸张的仰视角
度体现了邮轮大气磅礴的形象。

第二次世界大战至
商用喷气飞机投入使用

现代主义时期
Modernism

20 世纪 50—60 年代经济高速增长，
制造业的大发展带动了西方国家国民生活水准的提高，
随之而来的是消费社会逐渐覆盖和驱动了产业的方方面面。
旅游产业也不例外，阶层分化缩小，中产阶级成为西方国家的主体阶层，
他们自由支配消费、旅行等休闲活动的经济能力增强，成为消费社会的主体。
邮轮开始考虑开发和满足中产阶级甚至普通民众的消费需求。
20 世纪初，冠达邮轮上只有头等舱舱房才拥有内部卫生间，
到了五六十年代，则变成标准的舱房布局，这也成为公民出行的基本体面。
现代主义思维终于主宰了邮轮的设计。

乔·庞蒂[①]和意大利邮轮

意大利的工业化比西欧主要的工业国家要晚一段时间，加上意大利手工艺和家族企业的特色，意大利邮轮发展一开始就具备明显的对地域和传统进行整合的特征。1933 年，庞蒂和朱塞佩·帕加诺在策划米兰举办的三年展（这之前三年展都是在米兰北部的蒙扎市举行）中，展示了跨大西洋客轮头等舱的室内设计，他写道："工业自有其风格。""二战"结束后，意大利开始对邮轮进行翻新，以再次服务于大西洋航线，庞蒂真正开始为意大利风格的船舶设计提出构想。他参加了姊妹船 Conte Grande 和 Conte Biancamano 的翻新工程，以及 Andrea Doria、Giulio Cesare、Ocienia 和 Africa 四艘邮轮的新建工作。在他主编的《DOMUS》[②]杂志中，庞蒂试图说服专业人士和乘客：邮轮不仅是运输工具，还是国家的文化宣言。他不只设计家具和设施，还为邮轮配置意大利著名艺术家的当代艺术作品，以表达意大利的文化特征。"意大利邮轮应该在两个方面致力于传递意大利的荣誉，一个是具象的，表现在雕塑、绘画和装饰品中，它是对意大利的传奇艺术和历史的反映；另一个是让意大利邮轮在性能上优于外国船只，即使我们认为船只是一种'实用的运输工具'而不是宣传工具，但不妨碍最优结果的出现"【8】。

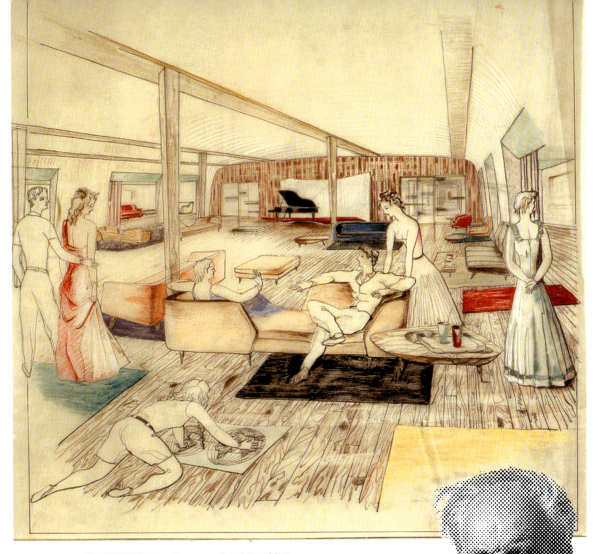

乔·庞蒂设计的 Conte Biancamano 邮轮内部设计草图
©Idea Books

① 乔·庞蒂（Gio Ponti，1891—1979），意大利建筑师、设计师和艺术家，在塑造意大利近现代设计风格中发挥了关键作用。设计创作涉猎建筑、室内、产品，创立了著名设计杂志"DOMUS"，在意大利文化舞台上占据了独一无二的地位。他对意大利风格的贡献可以媲美德意志制造联盟之于德国设计，被视为意大利设计之父。

②《DOMUS》由乔·庞蒂于 1928 年 1 月在米兰创刊，在随后的发展过程中，不断调整主题、栏目、版式等，从而始终保持其活力和前瞻性，记录了城市、建筑、设计、艺术、文化中最深刻、最有力的思想和作品，是全球最具活力和影响力的专业杂志之一。

战后，新材料在意大利的建筑和工业制造业中蓬勃发展。庞蒂创新性地大量使用镀金阳极氧化铝作为饰面材料，通常开槽以隐藏墙壁和天花板表面的接缝，创造一种连续表面的方法，使得空间具有非常独特的外观，成为后续邮轮室内设计的范例，也是庞蒂标志性的跨越实用性、美观性和新技术的典型方式。

Conte Grande 邮轮的宴会厅，前厅宽阔的楼梯使用铝板饰面，光滑的铝制楼梯栏杆强调了楼梯的走向，两侧放置着意大利陶艺家福斯托·梅洛蒂的两个陶瓷女神像，全部采用垂直开槽的铝板以形成完整的无缝墙面。为了减少结构柱笨重的视觉效果，他首创顶部逐渐收小的铝质跌级吊顶形式。"发光"的天花（少量由灯具直射，主要以反射散射方式照明）加强了这一感受，同时提高了室内的照明舒适度。随后，他还多次使用这个设计语言，到后来的"安德里亚·多利亚"号上，变得愈发的成熟和协调。

"安德里亚·多利亚"号（Andrea Doria）
©Idea Books
建于 1953 年，内饰由乔·庞蒂参与设计，是意大利海运界的骄傲。

庞蒂通过大型项目组织艺术和设计、创作，以整体环境呈现，成功地使大众及专业人士信服：邮轮不仅是交通工具，还可以传递国家民族风格和文化。庞蒂的努力对意大利设计在全世界的传播有着非凡的意义。

乔·庞蒂设计的"超轻椅"Superleggera
©Gio Ponti Archives

"伊丽莎白女王2"号
RMS Queen Elizabeth 2

下水年代	1967
吨位	70,327 GRT
载客人数	1,892
长度	293.5 m
宽度	32 m

拥有160多年历史的冠达邮轮之所以成为传奇，其中关键原因之一是在一百多年邮轮换代中，冠达总能够维持其独特传统基因。1962年下水的"伊丽莎白女王2"号（以下简称QE2）是现代奢华邮轮的代表作，与"二战"之前的邮轮相比有了很大的不同。正如项目总设计师丹尼斯·列侬（Dennis Lennon）在项目初期所说的："我们意识到，我们不仅仅是在为冠达工作，QE2将被视为一个国家的象征，她将向世界各地的人们展示英国在设计方面的贡献。"在英国工业设计协会协助下耗时半年进行筛选，最终选择了具备邮轮设计经验的迈克尔·因奇博尔德（Michael Inchbald）、米莎·布莱克（Misha Black）和布莱恩·奥罗克（Brian O'rorke），以及著名建筑师、插图画家休·卡森爵士（Sir Hugh Casson）参与QE2的设计。卡森是皇家艺术学院（RCA）室内设计系的创立者，在为"堪培拉"号成功进行室内设计之后，带领他的学生参与了QE2的儿童和青少年区域的设计【9】。

现代主义的意识形态强调了平等和权利，冠达放弃了传统的三级舱室的概念，采用更开放的布局，所有乘客都可以在船上自由活动、使用所有空间而不再受舱室级别的限制。取消公共空间分级使用之后，所有具有相同功能的空间合并后重新安排，提供了更多的设施和空间供全体乘客使用。与此同时，通过现代主义设计方法将技术发展整合到了一个新的高度。邮轮在减重和空间利用效率方面的进步有目共睹，为了在舒适甚至豪华的高标准下容纳约 2000 名乘客，还要为公共房间和甲板空间提供足够的外部景观，邮轮变得更高了。

为消除 QE2 进入南安普顿母港时潮位高度的限制，提高操作灵活性，让邮轮可以停靠更多港口，QE2 的解决方案是：采用全铝合金的上层建筑来减重，同时在空间高度利用上进行精细化开发（降低高度对于邮轮有多重意义：可以降低重心，减重并减少吃水深度，降低造价），采用预先开洞的钢梁以容纳复杂的管路，将空间利用到最大化。QE2 是现代英国建筑和设计的高峰，它利用现代主义风格成功地维护了 QE2 强烈而恰当的奢华感，在与技术的合作上，不存在任何矫揉造作和多余的内容。20 世纪 60 年代，大量的现代主义设计作品代表和促进了平等和商业繁荣，QE2 可能是其中最大的产品，不过也很快被消费社会的浪潮淹没了。

"伊丽莎白女王 2" 号邮轮休息室
©Mark Cornford

"一战"之后，大量的欧洲裔美国人开始回到欧洲旅居，二等舱和统舱的设计逐渐被重视起来。而"二战"之后，规模化的工业生产，自由的市场经济，发达的物流分配和销售体系（包括广告、各类的商业销售、百货商场、超级市场及各类邮购）导致欧美相对富裕的中产阶级阶层出现并成为社会阶层的主体。商业中心高速发展，物质商品极大丰富，民主、人权等概念随同自由经济渗透到社会结构的方方面面。伴随消费主义的兴起，跨越大西洋航行的邮轮被更为快捷高效的民航班机取代。经精明的消费时代的商人策划，"邮轮"从交通工具成功变身成为以休闲娱乐为目的的"游轮"。工业产业能力的增加和奢侈文化的平民符号化，满足了广大民众在社会等级进展之后的文化需求。

"伊丽莎白女王 2"号最初的楼梯设计（20 世纪 60 年代）
©Mark Cornford

改造后的"伊丽莎白女王 2"号中庭
©Avid Travel Media Inc.
20 世纪 70 年代以后，QE2 进行了多次改造，通过照片的对比可以看到其空间格局和风格的改变。

在随后的运营中，"伊丽莎白女王2"号为了迎合中产阶级的审美趣味进行了多次改造，为无力承担头等舱船票的中产阶级提供"独特航海体验"，将"伊丽莎白女王2"号的现代设计元素逐渐消除，更换为冠达早期上流社会头等舱的视觉识别编码符号——奢华上等的柚木和黄铜装饰、吊灯和壁画、印度和波斯的地毯装饰等，这些被重新捡拾

起来的语言将"伊丽莎白女王2"号塑造成了一艘外观现代、内部古典的邮轮，设计风格本身成为被消费的内容，邮轮解决的也早已不是跨洋交通和迁移这类需求，而是变成"游轮"——本身成为旅行的目的地。交通蜕变成为旅游——丰盛富裕的商业社会里的一种非物质化的消费行为，这更说明邮轮乘客需求背后的概念是在发展和快速转换的。

"伊丽莎白女王2"号酒店 Queens Grill
2008年退役后永久停泊在迪拜作为酒店使用，这里是酒吧改造设计效果图。

商用喷气机投入使用后

至今天

Cruise 巡游体验时期
Experience
Period

20 世纪六七十年代，喷气式飞机有效地"缩小"了世界，

邮轮不再作为跨洋交通工具，转变成为旅游目的地，

结合全球化带来了餐饮、酒店和休闲行业的大规模扩张，

使丰富多样的文化更紧密地融合在一起。

而头等舱的视觉语言则沉淀下来成为邮轮上的传统形式和风格。

奢侈阶层的视觉语言被符号化并向下迁移，

蜕变成商业社会消费文化遗产的对象。

　　"二战"之后，制造业大发展带动了西方国家国民生活水准的提高，随之而来的是消费社会逐渐覆盖并驱动了产业的各个方面，旅游产业也不例外。在 20 世纪 60 年代至 70 年代，喷气式飞机时代有效地"缩小"了世界，全球丰富多样的文化更加紧密地融合在一起，在全球范围内带来了餐饮、酒店和休闲行业的大规模扩张。如今，连锁大型购物中心以及希尔顿、丽兹、万豪和假日酒店等连锁酒店、度假村和赌场或多或少地定义了奢侈的流行概念。当然，类似的审美标准的变化也适用于商业运营的渡轮和邮轮的品牌化和室内设计。从这时开始，现代邮轮形成了从单纯向丰盛演变，经过消费的连接，到游客的行为时间的总体控制所建立的气氛控制网络系统。邮轮不再是跨洋旅行的交通工具，而转变成为"游轮"——集酒店、主题公园以及购物中心为一体的游客旅游的目的地。

船体和上层建筑的演变

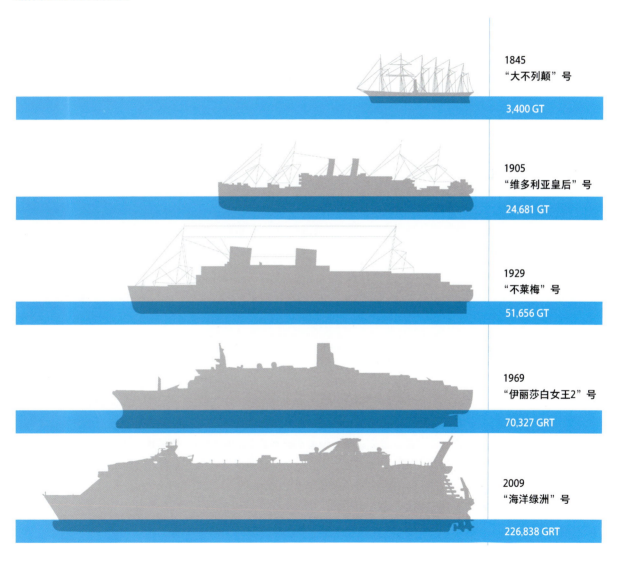

1845
"大不列颠"号
3,400 GT

1905
"维多利亚皇后"号
24,681 GT

1929
"不莱梅"号
51,656 GT

1969
"伊丽莎白女王2"号
70,327 GRT

2009
"海洋绿洲"号
226,838 GRT

"挪威之歌" 号

Song of Norway

下水年代	1970
吨位	22,945 GRT
载客人数	1,257
长度	197.3 m
宽度	24 m

"挪威之歌" 号从 1970 年开始服役，直到 2013 年才退役。但其为皇家加勒比国际邮轮公司服役的时间只到 1996 年，随后被卖给了太阳邮轮公司 (Sun Cruises)，在 2006 年又被改名为 Dream。邮轮最终于 2013 年报废并在 2014 年被拆解。

堪称 "游轮"[①] 设计开创者的皇家加勒比国际邮轮公司成立于 1968 年，最初只有三艘邮轮。在敏锐地意识到大型商用喷气式飞机的启用将带给邮轮产业巨大变化后，其开创了以加勒比海的海岛作为邮轮的目的地的邮轮休闲、娱乐的巡游模式。

1970 年 10 月，第一艘皇家加勒比的邮轮 "挪威之歌" 号交付，随后是 "北欧王子" 号和 "太阳海盗" 号，1.85 万吨排水量的姐妹船每周从迈阿密出发，装载着 870 名乘客，进行一周的热带海上旅行，再回到迈阿密。

这些 "游轮" 的设计完全不同于过往邮轮，非常直白地迎合美国的中产阶级（消费者）品味，而不再立足于国家形象传播或是现代主义思想等。

① 现代的邮轮如果单就其功能转变肯定是叫 "游轮"，这也是皇家加勒比国际游轮公司在其中文官网使用 "游" 字的原因。但游轮（CruiseShip）的翻译在历史传承价值上以及专有名词约定俗成上，笔者认为更富意义，没有必要因为功能的流转来改变一个专有名词。是故，本书 "游轮" 一词仅用于 "皇家加勒比国际游轮"。

"挪威之歌"号邮轮成功的关键在于，让乘客感受到停泊在港口的邮轮的吸引力，白色光滑的类似游艇般的轮廓，能激发乘客驾驶漂亮跑车或懒洋洋地躺在一艘大游艇上的愿望。船的内部，又由不同的哲学支配着设计。巡游是一种放松、怀旧，甚至可能是过度放纵的旅行休闲方式，需要填充被称为"华而不实"的东西，让乘客放松、进入欢愉的状态。在皇家加勒比的邮轮上，使用了一种不同寻常的思路，用欧洲高级文化形态的音乐剧剧名命名船上的公共空间，并形成相应的空间主题。船上上演的音乐剧直接选择百老汇演出剧目或好莱坞电影，高高在上的殿堂艺术，放低身段成为邮轮上的大众消费文化。娱乐设施非常华丽，有拉斯维加斯式的狂欢、迪斯科舞厅和赌场，气氛愉快，甲板上有乐队演奏，侍者们头顶着异国情调的鸡尾酒盘。

为此，邮轮上公共区域的层高都比舱房区更高，明亮宽敞的酒店式装饰、大面积柚木铺装的顶层宽敞丽都区的甲板必不可少。美国乘客对邮轮上的休闲气氛反映良好，甚至越来越多的欧洲人也被皇家加勒比机票加船票的复合旅行套餐所吸引，跨洋参加邮轮巡游。皇家加勒比如此受欢迎，又在 1978 年"挪威之歌"号进行了"加长"工程。船中部被"锯开"后加了一段 27 米长的船体，其中包含 400 个舱位和新的公共空间，并扩大了顶层阳光甲板。

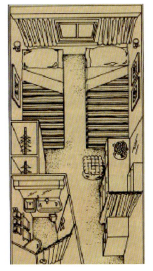 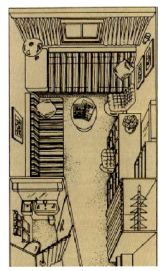 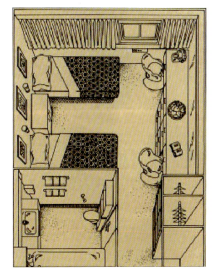

"挪威之歌"号标准舱室设计图纸（左图）
尊崇舱室设计图纸（中图）
奢华舱室设计图纸（右图）
©Royal Caribbean International

项目	"班轮"时期的邮轮（20世纪初到20世纪70年代初）
航行目的	通常在两个目的地之间，以交通为目的进行航行。
氛围	传统优雅、正式的氛围。内饰模仿陆地上的豪华别墅、酒店或宫殿。船身内包含所有客房及动力舱室，公共空间设置在低矮的上层建筑之中。
舱室	舱室的类型多种多样，有些在附近设有仆人房。所有客舱布置都独一无二。客舱内饰反映出其服务等级。有较大的公共统舱。所有船只都有内舱房和外舱房，外舱房只有小的舷窗。
舱室及服务等级	多达4个等级，每一个等级有独立的出入口及独立设计的公共空间，并有物理区隔。
上层建筑	通常较为低矮，并从船头退后较多，船尾部采用台阶式退后，并在两舷让出散步的通道。内部很少设置舱房。
前甲板	和上层建筑明显分离的，一个较大的装有起重机和系泊设备的封闭船头部分。
后甲板	分层的上层建筑为起重机或娱乐场所创造了巨大的后甲板。
烟囱	多个圆形或者椭圆形的高烟囱，但不一定都具备真正的功能，位于上层建筑之上，需要固定设施，同时也影响下部舱室室内设计。
长宽比率	高，通常为9:1。
速度	重要前提，通常为30—35节。
船身[①]	在陆地上建造后下水，船体表面通过铆接在框架上的1英寸（约25毫米）厚的钢板组成。
吃水深度[②]	一般超过10米。

"玛丽皇后"号

RMS Queen Mary

下水年代	1936
吨位	80,774 GRT（1936） 81,234 GRT（1947）
载客人数	2,139
长度	310.7 m
宽度	36.0 m
速度	28.5节

①现代邮轮船体钢板仅厚约 3/4 英寸到 1 英寸（15—25 毫米），焊接为一体。相比之下，"泰坦尼克"号的钢板虽然更厚，但通过铆接形成整体船壳，整体性差，阻力也更大。老客轮的船体横剖面是锥形的，而今天的船体侧壁大部分是垂直的，只在船首尾部设计为曲线，这样设计既不失稳定性，也提供了最有效的空间利用。

②吃水深度（Draught/draft）是指底部至船体与水面相连接处的垂直距离。吃水深度用来衡量邮轮在水中的位置，同时间接反映邮轮在行驶过程中所受到的浮力。邮轮的吃水深度越大，表明船体载重能力越大。

"玛丽皇后2"号
RMS Queen Mary 2

下水年代	2004
吨位	148,528 GRT
载客人数	2,620 (original design)
	2,695（after 2016 refit）
长度	345.03 m
宽度	44.0 m
速度	30节

项目	"游轮"时期的邮轮（20世纪70年代初至今）
航行目的	在多个目的地之间，以休闲娱乐为目的短距离的航行且大部分行程从母港出发并回到母港。
氛围	采用现代或主题设计氛围，更为随意地设计、休闲倾向及着装要求。客房和公共空间同时分布于船体和上层建筑之中。
舱室	舱室位于船体和上层建筑之中，有些"游轮"只设置外舱房，位于上层建筑的舱室往往附带阳台，有面向船头及船尾的客舱。也有跃层套房，几乎所有的客舱都是模块化生产的。
舱室及服务等级	通常所有乘客都可以使用所有设施，部分新船开始设置独立的VIP舱室区。
上层建筑	巨大，占据了从船头到船尾的体量，并主宰了船的轮廓，容纳了主要的舱房。
前甲板	短小干净的压缩的船头。
后甲板	上层建筑通常会延续到船尾，不存在专门的后甲板。
烟囱	集成隐蔽整合的多个相对细小的尾气排放管。
长宽比率	低，通常7—8:1。
速度	不太重要，通常为20—25节。
船身	在干坞里建成后注水拖出舾装，船体表面为焊接的小于1英寸（约25毫米）的钢板。
吃水深度	一般在6—8米。

速度和时空
Speed, Time and Space

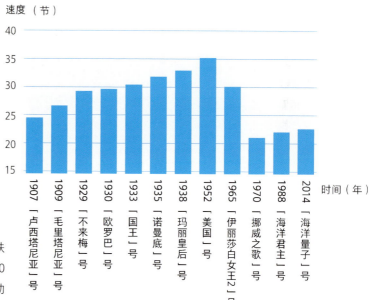

历史上获得"蓝绶带"奖的邮轮巡航速度变化表

速度（节）

时间（年）

1907【卢西塔尼亚】号 1909【毛里塔尼亚】号 1929【不来梅】号 1930【欧罗巴】号 1933【国王】号 1935【诺曼底】号 1938【玛丽皇后】号 1952【美国】号 1965【伊丽莎白女王2】号 1970【挪威之歌】号 1988【海洋君主】号 2014【海洋量子】号

提高船的速度一直是人们追逐的目标，到了铁和煤炭统治的时代，邮轮速度的竞争从 19 世纪 40 年代开始，持续了一个世纪。对速度的追求和驱动方式的变化，使得冠达的第一艘蒸汽邮轮"布列塔尼亚"号（1840 年）将帆船的 4:1 的长宽比改为 6:1。1854 年"大东方"号的长宽比为 8.5:1，1897 年的德国班轮"凯撒·威廉·德·格罗斯"号的长宽比为 9.4:1。这个比例随着速度的加快逐渐增加，因为更窄长的船体可以以更小的阻力穿过海洋。到了"柏林"号，长宽比为 11:1，这恐怕也达到了极限，虽然它在 1875 年赢得了"蓝绶带"奖，但乘坐的舒适度却受到了很大影响，"柏林"号过度摇晃甚至出现船员落水，也能说明船的比例关系超过了平衡点。邮轮跨大西洋的耗时从开始的 15 天到 1952 年的"美国"号邮轮以 34.51 节的平均巡航速度用了 3 天半跨过大西洋，达到了"蓝绶带"的纪录顶点，速度也提升到了极限。"美国"号是军舰改造设计的，设备所占空间大，运行不讲求经济性，随后运行自然不可持续，很快就退出了服役。

邮轮如果作为全球跨洋交通的主要手段，显然船的行驶速度是一个重要的指标。跨越空间的时间是由速度决定的，缩短旅行时间、提升效率对于工业社会是至关重要的。两次世界大战邮轮都作为运兵或者医院船参加，甚至到 1982 年英阿马岛战争，冠达的 QE2 号也被征调参战，能够和军用舰船高速同步活动，这也是重要的技术指标。速度对于早期邮轮显然是一个非常重要的设计指标。20 世纪六七十年代在大型喷气式客机出现之后，不再以运输为目的的邮轮对速度指标的追求转而成为一种对更为舒适、平稳的速度和经济性相平衡的方式。今天的邮轮偏向以娱乐巡游为目的，追求的是经济和舒适性，实现更高的航速不再是目标，巡航速度在 18—22 节之间。船的速度、动力和稳定性是一组密切相关的要素。船的速度越快，需要的动力越强，也需要更加平衡好船体的稳定性。

邮轮的驱动装置从发动机带动明轮，到经过变速器连接螺旋桨，再到现代的吊舱式电机驱动螺旋桨；邮轮的燃料则从煤到采用重油和柴油，现在甚至采用 LNG 作为能源，技术有了质的飞跃，虽然仍是通过石化燃料来获取能量推进船体前进，但在效率、环境代价以及舒适度、安全性上早已今非昔比了。现代邮轮不再需要以跨洋航行为目的，其最高船速低于其前辈，执行更为严格的排放和环保要求，对动力系统的性能、噪声、振动等方面都有较高的要求。目前采用"柴电"推进系统的邮轮数量占据了大多数，其较高的经济性与优良的性能，使其适用于任何类型的邮轮。

在干坞里的"阿奎塔尼亚"号
©Daryl Carpenter

嘉年华集团旗下品牌
©Carnival Cruise Lines

嘉年华的邮轮美学体系

嘉年华邮轮（Carnival Cruise Lines）成立于 1972 年，以"Fun Ship"（快乐邮轮）作为公司愿景，旨在建立一种负担得起的邮轮度假产品以吸引客人，并通过建造越来越大的船达到规模效益。发展到现在，嘉年华已经成为全球市场占有率第一的邮轮公司。成立之初，公司的创始人泰德·艾利森（Ted·Arison）就聘请乔·法库斯（Joe Farcus）参与设计打造当时世界上最大的邮轮，后来乔·法库斯也成为嘉年华集团的设计总监，持续地设计嘉年华集团①及旗下邮轮公司的新邮轮，到 2009 年下水的嘉年华"梦想"号为止，总共 37 艘邮轮，超过了跨大西洋时代两次世界大战之间全球下水的邮轮总数。

莫里斯·拉皮德斯（Morris Lapidus）是活跃于 20 世纪 60 到 90 年代的著名设计师，设计了许多华丽的酒店度假村。他的作品，包括位于迈阿密海滩的枫丹白露酒店和伊登洛克酒店，是对各种奢华的历史素材进行挑选和组合的后现代主义风格美学。拉皮德斯室内设计的典型特点是：宽敞的中庭、壮观的楼梯、玻璃吊灯，将巴洛克风格的装饰集中重点使用，同时保留更多没有特别装饰的区域。拉皮德斯引导法库斯进入了邮轮设计领域，后者延伸发展了这种设计方法。

正如其前老板拉德斯，法库斯从不惧怕传统设计风格，使用超时代和语境限定的设计语言逻辑的装饰，创造适合放松的奇幻热带加勒比派对巡游环境，获得了极大的商业成功。法库斯欣喜于颜色冲突、古怪的形状和复杂的霓虹灯等一切使人产生视觉乐趣和逃避现实的手法。法库斯工作室控制船上的所有细节，从嘉年华带有翅膀的烟筒到室内照明和门把手，所有家具都是在米兰国际家具展上订购的最新设计，将"高级设计"与"派对巡游"融合在一起，形成邮轮美学体系，在 20 世纪 80 年代，嘉年华的邮轮辨识度非常高。除了设计风格的标新立异，法库斯的设计秘诀并不复杂，最重要的是来自泰德·艾利森和其子米奇的信任和支持，这让法库斯享有令人羡慕的自由度，可以尽情发挥他的想象力。

①通过系列并购，嘉年华集团（Carnival Corporation & plc）成为目前世界上最大的邮轮集团公司，拥有包括嘉年华邮轮（Carnival Cruise Lines）在内的九个邮轮品牌，如：公主邮轮（Princess Cruises）、荷美邮轮（Holland America Line）、歌诗达邮轮（Costa Cruises）、冠达邮轮（Cunard Line）、世朋邮轮（Seabourn Cruise Line）、爱达邮轮（Aida）、P&O（UK）、P&O（Australia）等。

2009 年法库斯设计完成的歌诗达"炫目"号凤凰剧场
©Costa Cruise Line

"人们正在寻找幻想，他们不想要世界的真实体。我问道：我在哪里能够找到幻象的世界？他们的品位是在哪里形成的？他们在学校里学过吗？他们常去博物馆吗？他们到欧洲旅行过吗？仅到过一个地方——电影院。他们只去过电影院，最该死的地方。"【10】文丘里②在《向拉斯维加斯学习》一书中，引用了拉皮德斯语录。

② 罗伯特·文丘里（Robert·Venturi,1925—2018），美国建筑师，建筑理论家，他的著作《建筑的复杂性和矛盾性》（1966 年）和《向拉斯维加斯学习》（1972 年）被认为是后现代主义建筑思潮的宣言。

歌诗达邮轮的"意大利风格"

20 世纪 80—90 年代，老牌意大利邮轮公司歌诗达展开加勒比地区的新邮轮业务，十年间先后投入多条新邮轮，包括歌诗达"浪漫"号及"经典"号等现在仍在运营的邮轮。在当时，这几艘船无论设计、结构和设备都是最先进的，聘请了当代意大利建筑师，如 Genovese Pierluigi Cerri、Guido Canali 和 DeJorio 工作室参加设计，使用最好的材料、家具和艺术装置，大量地采用马赛克和大理石，具有明显的意式风格。

歌诗达的乘客主体是美国人，对于他们来说这些船看起来过于简朴，和他们心中由拉斯维加斯的威尼斯人酒店和凯撒宫酒店所建立的意大利风格完全不同。歌诗达 1997 年并入嘉年华集团后，管理层决定后续的新项目都委托给嘉年华集团的设计总监法库斯来完成。此后，虽然每艘歌诗达的邮轮仍然以意大利文化作为卖点，但事实上，是按美国人眼中的意大利形象设计的——包括复制的罗马西斯廷教堂壁画和威尼斯的花神咖啡馆^①，而不再是现代意大利人对意大利文化的解读的视觉表述。这样的设计遭到了一些意大利专业人士的反对，特别是对比歌诗达在 20 世纪五六十年代在邮轮上推广了意大利当代最好的设计作品的情况下，这似乎是一种倒退。但有趣的是，美国和意大利乘客都喜欢这样的风格——前者认为这就是典型的意大利风格，后者认为这是美国人娱乐化的消费风格，消费时代的乘客嬉戏心态并不会将邮轮的风格理解为国家文化和风貌。法库斯设计的邮轮内饰确实受到大众的欢迎，由于邮轮运营上取得了前所未有的商业成功，船东继续委托他持续地设计歌诗达的邮轮。检视研究其美学风格的主要视觉特征，就是"堆积"和"丰盛"，以及鲍德里亚所谓的"以全套或者整套的形式组成"【11】出现。其表象是后现代风格，美国建筑理论家文丘里的《向拉斯维加斯学习》一书可以完整地代表后现代美学系统的风格。现代邮轮开始从单一风格向全套拼贴组合风格演变，借由消费，连接从游客行为时间的总体控制所建立的气氛控制网络系统。

① 威尼斯的花神咖啡馆（Florian）坐落在威尼斯圣马可广场，建于 1720 年，是威尼斯最著名的咖啡馆，类似维也纳的中央咖啡馆（Cafe Central），作家海明威、诗人歌德、画家卢梭、钢琴家鲁宾斯坦都是这里的座上宾。受 2020 年新冠疫情的影响，这座有 300 年历史的咖啡馆最近传出将要倒闭的消息。

消费式的后现代主义风格以拉斯维加斯的各种拼贴复制式的主题酒店和加州的迪士尼乐园为代表，邮轮上的后现代主义，可以理解为上述酒店和主题公园的可移动的复合综合体。消费式的后现代邮轮空间自成系统，充满了各种各样的意象拼贴和组合，通常和形式的历史背景无关。邮轮上的后现代主义风格可以归纳为"消费式后现代主义"【12】，无论其形式风格是现代之后、前现代或反现代，在邮轮领域里都可以归纳为"消费控制下的整个环境设置风格"。

正如鲍德里亚所说的"'环境'是总体的，被整个装上了气温调节装置，安排有序，而且具有文化氛围。这种对生活、资料、商品、服务、行为和社会关系总体的空气调节，代表着完善的'消费'阶段"。【13】

以世界最大为例
Take the World's Largest as an Example

如果谈及酒店大小，那一定会用房间数量来描述。

而提到船只大小的概念，首先想到的一定是吨位，

邮轮是按照注册总吨位（GRT）划分类型的，

注册吨位越大，邮轮空间（容积）越大，所谓吨位是空间吨不是重量吨。

邮轮和酒店一样，房间数量是其盈利能力的根本，

追求更多的舱房容量一直是运营商的硬目标，也正是这个原因导致了邮轮的大型化倾向。

随着邮轮业的发展，出现了越来越多 10—15 万 GRT 的邮轮，

十几层、七十多米高，三四百米长，而邮轮侧立面，几乎全部都是客房的阳台，

船上能够搭载数千名游客，加上船员及服务人员，确实就是一座海上城市。

　　以皇家加勒比国际游轮公司的"海洋绿洲"号为例，宽 47 米，上层建筑最宽处为 60.7 米，这意味着船舷两边各挑出近 7 米，是迄今为止最宽的邮轮。它的总吨位达 22.8 万吨，是最大航母美国尼米兹型核动力航母吨位的 2 倍，全长 362 米，比"泰坦尼克"号还要长近 100 米，拥有 20 多家餐厅、40 多家酒吧、休息室、商店、剧院、20 多个游泳池，甚至船尾还有一个 10 多层楼高的水滑梯。一共有 17 层游客甲板，客房数 2744 间（不包含乘员的居住舱室），一次满载可以乘坐 6370 名客人及 2394 名船员，这艘邮轮可以容纳近 9000 人在海上生活。"海洋绿洲"号这样的大型邮轮可以发出 100 兆瓦的电力，足够一个拥有 10 万人口的城市使用。

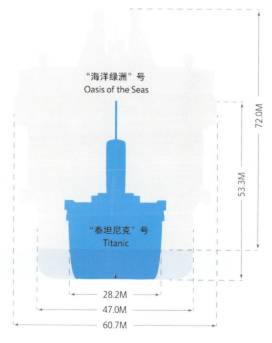

"海洋绿洲"号
Oasis of the Seas

"泰坦尼克"号
Titanic

72.0M

53.3M

28.2M

47.0M

60.7M

邮轮正立面轮廓尺度对比

"海洋绿洲" 号
Oasis of the Seas

下水年代	2009
吨位	225,282 GRT
载客人数	6,370
长度	362.0m
宽度	60.7 m

0   5   10M

"海洋绿洲" 号船艏视图

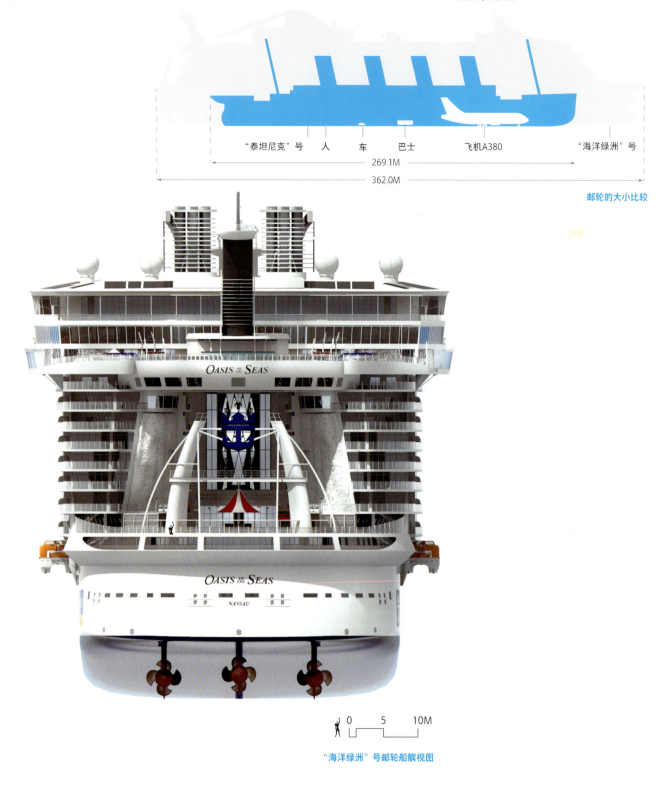

"泰坦尼克"号　人　车　巴士　飞机A380　"海洋绿洲"号

269.1M

362.0M

邮轮的大小比较

OASIS OF THE SEAS

OASIS OF THE SEAS

NASSAU

0　5　10M

"海洋绿洲"号邮轮船艉视图

ABB 公司 Azipod 电力推进系统
©ABB

能源系统采用了 4 台瓦锡兰的 12V46F 中速机以及 2 台 16V46F 中速机，分别推动 ABB 公司的 3 套 20 兆瓦级 Azipod 电力推进系统以及 4 台 5.5 兆瓦级瓦锡兰 WTT-55 船艏推进器（头推）。Azipod 电力推进系统是一种可 360 度旋转的吊舱式驱动装置，多台小的发电机和吊舱式电动推进器系统降低了噪声和机械振动，同时可以不用船艉控制推进器（尾推），这令船舶操作更加可靠、灵活，运行更安静。柴电推进系统也可满足邮轮对电力的巨大需求。这些电力既供应船只移动能量，也提供给邮轮上的环境控制以及餐饮娱乐之用。灵活的布局也节省了内部空间，因而受到邮轮产业的广泛青睐。

当然船上的所有能源来自燃烧重油的发动机，显然也意味着更多的温室气体及污染物的排放。现代邮轮的大型化对于提升邮轮运营效率、降低单位运营成本，提升盈利和市场竞争力有很大的帮助。

球鼻及船艏推
©Fincantieri

邮轮大型化并非没有边际，其尺寸受到运河和码头的通航条件限定。这里的运河主要就是指巴拿马运河。巴拿马运河由于有水位落差，设置了 3 组多级船闸，适应船闸的条件，决定了允许通航的船只的长度和宽度，船只必须按照运河闸门能容纳的最大尺寸建造，也因此建立了能够通航巴拿马（Panamax）船型。2006 年巴拿马运河当局决定建新的船闸，提升通航能力，其尺寸扩大到 427 米长，55 米宽和 18.3 米深【14】。皇家加勒比据此设计的"海上绿洲"号 2009 年就下水了，比当时运河船闸能容纳的宽度宽了 50%，不得不等待运河拓建后再穿行这条航线，造成了航线安排和全球调配的时间和成本的难度。巴拿马运河新船闸于 2016 年 6 月才投入使用，目前皇家加勒比拥有的 4 艘世界上最大的绿洲级邮轮都可以通过新的巴拿马运河船闸。可以说新的巴拿马运河船闸通航极限尺寸决定了邮轮的宽度和长度上限。

船体的加宽比加长对"绿洲"系列邮轮的设计产生了更为巨大的革命性影响，整艘邮轮被分为七个不同的街区，包括中央公园、百达汇欢乐城、皇家大道、游泳池和运动区、活力海上水疗和健身中心、娱乐世界和青少年活动区。中央公园的引入更对空间组织和七个区域的划分和连接起到了关键的作用。船体两舷的平行的上层建筑被中央公园分开，延伸到船体的两侧，创造了一个向天空开放的内侧公园，因此，多出许多拥有朝向内部的阳台和窗户的房间，创造了更为丰富的空间感受，提升了乘客的乘船体验。

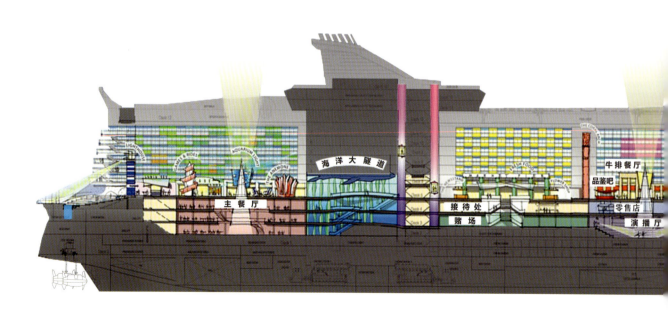

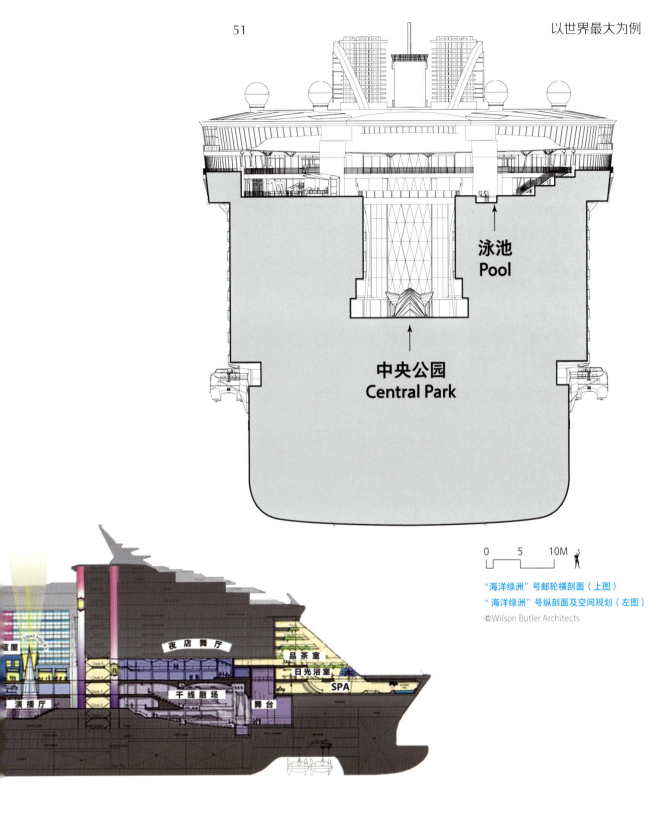

泳池
Pool

中央公园
Central Park

0   5   10M

"海洋绿洲"号邮轮横剖面（上图）
"海洋绿洲"号纵剖面及空间规划（左图）
©Wilson Butler Architects

夜店舞厅
品茶室
日光浴室
SPA
干线剧场
舞台
演播厅

对邮轮高度限定因素主要不是由于船舶重心和稳定性控制的，主要限定来自全球主要城市邮轮港口航道上的桥梁通行净空的许可数值。对高度的最大的影响因素是港口航道限高，基本上是桥梁通行高度的限定。比如，悉尼、纽约、旧金山及上海的港口，都有标志性的桥梁横跨航道。这些大桥在初建造时，人们并不认为会造成船只航行的高度阻碍，随着现代邮轮建造得越来越大（也越来越高），桥梁的限高成为越来越明显的限制因素。"堪培拉"号需要对其雷达桅杆进行改造，以便在悉尼海港大桥的 161 英尺（约 49 米）净空以下航行，由于悉尼桥的通航高度限制，导致新下水的大型邮轮必须停靠在更外部的环形码头。20 世纪 70 年代，船宽平均为 80 英尺（约 24.4 米），纽约曼哈顿邮轮港码头为了同时容纳 5 艘邮轮设计泊位，而现在，船的平均宽度都超过 135 英尺（约 41.17 米），码头只能容纳 3 艘船，不得不考虑重新设计改造码头，以容纳未来可能更宽的船只。同样，2008 年首航于中国上海的皇家加勒比国际游轮公司的"海洋迎风"号邮轮，即便设置了升降烟筒，受限于杨浦大桥 52 米的通行高度也还得在退潮时段沿黄浦江才能驶入上海"国客邮轮"码头。考虑到黄浦江岸线长度，以及通航能力，为了能靠泊更新型的大型邮轮，上海于 2017 年在吴淞口新建了邮轮码头以停靠新型、大型邮轮。不得不说，邮轮不能到市中心的码头靠泊是一种无论是便利上还是视觉上都是很大的缺憾。

Berlitz 2019 大型度假村邮轮服务人员 / 乘客数表

种类	总吨数	乘客人数
大型度假村邮轮	101001—230000 GRT	2001—6500
中型邮轮	50001—101000 GRT	751—2000
小型邮轮	5001—50000 GRT	251—750
精品邮轮	1000—5000 GRT	50—250

CCS 邮轮规范的乘客空间参数表

参数	要求
乘客人均吨位	≥20
乘客人均居住面积（m²）	≥5
乘客船员比	≤4.0

邮轮空间比（Catwright 和 Baird，2009）

	空间比率（PSR）
现代邮轮及廉价邮轮	29.8
精品邮轮	47.5
奢华邮轮	61.6

当然，大并不意味着豪华，由于搭载乘客较多，这一类的邮轮巡游基本上是面向"大众"中端市场，特点是通过规范和定量化的项目和服务完成预定目标。与之相反，小型邮轮虽然总吨位小，更多是服务于高端游客的精品邮轮，是真正的"豪华"邮轮。另一个分辨邮轮水准的尺度，是客舱面积的大小以及服务人员和乘客数比值，也就是所谓的空间比率①。显然平均客房面积越大、服务人员和乘客数比值越高的（意味着更多的服务人员）邮轮，硬件及服务水平普遍更高。所谓"豪华"，由于所面向的用户群的需求不同，可能会有不同的理解和设置，比如，精品邮轮上往往配置较少的游乐设施，比较安静，而大众邮轮吨位更大，装载更多的休闲内容，主打娱乐节目，背景音乐和各类活动此起彼伏，热闹非凡，有意打造 24 小时不间断的欢乐之船。

① 空间比率（PSR）：邮轮的空间比率表示邮轮满员时人均拥有的"空间"，也叫客容比，它是衡量邮轮规模的一个重要指标。
中国船级社（CCS）有个同义名词是：乘客人均吨位。
空间比率（客容比）= 容积吨位 / 邮轮的载客量（单位：1 GRT/ 人 =2.83 立方米 / 人）邮轮的空间比率越高，邮轮越宽敞。邮轮的客容比是以未计加床数的满员为计算单位的。高空间比率体现舒适度和宽敞程度，是邮轮定级的重要指标之一。

大型邮轮空间比率统计图

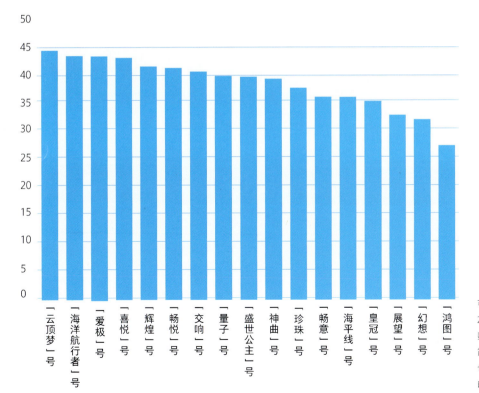

可以看出大型邮轮的空间比率在 27—45 之间，也就是标准乘客数人均占有 27—45 总吨的空间，简单按照平均层高 2.8 米计算，也就是人均占有 10—16 平方米的邮轮使用面积。

小 结
Summary

布莱恩·阿瑟在《技术本质：技术是什么，它是如何进化的（经典版）》一书中讲道："经济的结构是由技术铸造而成的，也可以说，技术构成了经济的框架。经济中的其余部分，如商业活动、交易中不同参与方的战略和决策，以及随之而来的物流、服务流和资金流，它们则构成了经济体的神经和血液。但是这些部分只是外围的环绕物，并且它们归根结底也是由构成了经济结构的技术（那些目的性系统）形塑而成的……它意味着经济浮现或萌发于它的技术当中；它意味着经济不仅会随着技术的变化而重新适应，它还随着技术的变化而继续构成和重构，它还意味着经济的特征（形式和结构）也将随着它的技术的变化而变化。总结起来，我们可以这样说：技术集合在一起，然后创造一个结构，决策、活动、物流、服务流都发生在其中，由此创造了某种我们称之为'经济'的东西。经济以这种方式从它的技术中浮现出来。它不断地从它的技术中创造自己，并且决定哪种新技术将会进入其中。注意这里的因果循环：技术创造了经济的结构，经济调节着新技术的创造（因而也是它自身的创造）。……我们通常看不到这种循环，因为短期内经济是以固定的方式出现的，它呈现为一系列活动的容器。"【15】

我们可以在邮轮的 180 多年的发展历史上观察到布莱恩·阿瑟所说的这一循环现象，19 世纪，蒸汽机作为一个全新的技术进入到造船业，创造新的经济方向，冠达开始定期运送洲际移民和邮件业务，并随之建立了完善的组织、法律、规范、决策机制，延续了一个多世纪。随着商用喷气式飞机的出现，邮轮作为被替代的技术退出了洲际交通运输行业，但邮轮通过制度和方法的创新，重组了自身的技术系统，开发了新的需求，转化为服务及体验经济的代表和典型，自身成为旅游的目的地。通过经济方面的创新，邮轮转化为"游轮"，其技术的系统经过重组，继续保持了几十年的持续的增长，邮轮产业的发展历史就是技术和经济的这种持续的创造和再创造。冠达 1967 年下水的"伊丽莎白女王 2"号邮轮历程正好完整地与这个变迁的过程重合。"伊丽莎白女王 2"号邮轮作为现代主义的典范产品，其现代主义的设计风格和技术标准汇合、相互适应，达到了那个时代的顶峰，其内部和技术创新相协调展现为现代主义的风格，代表了英国的国家综合实力和水平。随后的喷气式客机的商用，"伊丽莎白女王 2"号邮轮的跨洲运输功用逐渐减少，虽然其外观没有什么变化，其内部设计风格也从典型现代主义设计改造成新

古典主义风格以便和经济形态相适应。现代
工业设计萌发于工业革命后的技术发展，从
邮轮的设计发展上来看，其风格的演变发展
从来没有追随技术的发展变化，而是自有其
线路，它更多的是伴随着经济需求的变化而
构成和重构。

"泰坦尼克"号船尾的螺旋桨
©Encyclopedia Titanica

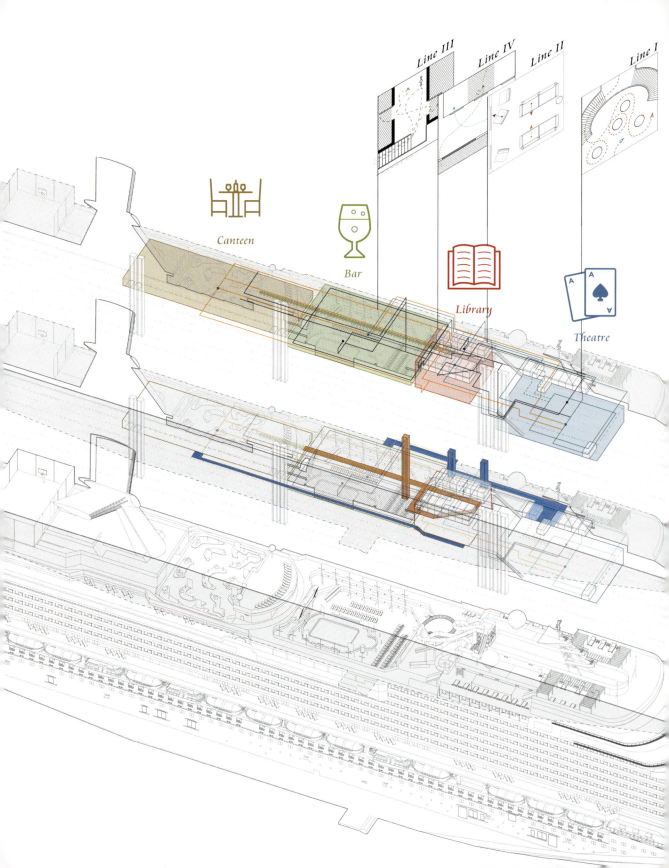

Line III   Line IV   Line II   Line I

Canteen

Bar

Library

Theatre

第二章

总体 | 设计

General Arrangement

line I
line II
line III
line IV

Secret route
Normal route

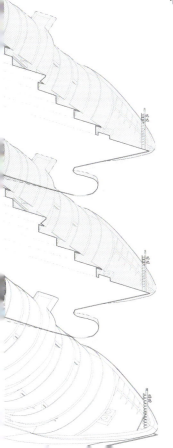

*1908*年的某一天，白星邮轮主席布鲁斯·伊斯梅和哈兰·沃尔夫船厂老板皮尔里勋爵在晚餐上聊起了新建"泰坦尼克"号的计划，随后书房中热烈讨论将建造两艘同级邮轮的合同变成了三艘，船上的三个烟筒也增加到四个。"泰坦尼克"号实际只有三个机组，并不需要第四个烟筒，第四个烟筒里面装的是厨房的排风管。目的是为了抗衡冠达邮轮"毛里塔尼亚"号（有三个烟囱），四个烟筒显然看起来比三个烟筒更强大，这便是两位管理者希望传递的重要信息。

总体设计当然可以开始于管理者餐桌上的讨论，但第一步永远是落实各项指标，建立愿景和目标，为要建设的邮轮项目下定义。明确目标、性能、尺寸量化、结构能力、设施装备水平以及遵从的设计标准等。也正是由于其服务于人的巡游和乘客打造特殊体验目标，以及与旅游、风尚和生活方式的千思万缕的关系，邮轮的总体设计和其他船只总体设计没有什么不同，只是在开始总体设计之前需要做好项目的定义。任务书、空间功能的量化描述以及服务的模式、用户定位等成为邮轮总体设计启动的必须条件。之前需要对项目做一个前期的定义性描述，通过对服务和市场进行定位，才能产生对邮轮基本的空间性能以及标准的需求描述，并落实到吨位、尺寸、容量、速度、动力及各类辅助子系统指标之上，作为下一步空间规划的基础。舱室的舾装描述（包含室内设计）是邮轮总体描述、项目定义开始的原点，当然也是重要的组成部分。

项目定义
Program

设计能够产生价值有赖于准确的项目定义，准确的项目定义是好的解决方案的基础。

项目定义需要：

理解问题所在，

明确设计的挑战，

定义解决方案的基本范围。

"设计摘要其实是把问题以结构化的方式展现出来"。[16]

大型邮轮项目需要众多不同专业的工程师、设计师和顾问配合完成，

很有必要在项目开始之前就能明确愿景和目标：

新的邮轮面向的是什么市场和人群？

提供什么样的服务和设施？

哪个项目应该成为特色？

通过准确简明的描述来界定这些问题，描述主要公共空间及设施，舱房数量及种类，

并提供基本的项目规模的估算等都是必要的工作内容。

　　在设计团队开始设计工作之前，他们需要这样的摘要来定义设计范围、现有能够解决问题的方法、设计原则、步骤和里程碑等。项目定义能够描述基于收益、服务，支持对空间的要求。邮轮项目定义的重点在于提出能满足运营营收的规划，这份清单的主要目标就是服务于这个目的。这样的定义包括邮轮的总体愿景、服务对象、服务特色，并落实到与之配套的空间数据，如：

公共区域

- 形象和氛围
- 功能内容

餐饮

- 免费餐厅容量
- 每间特色餐厅的容量
- 特色餐厅的餐食和主题

舱房

- 舱房数量
- 隔间数量（总等效房间模块）
- 套间数量和描述
- 典型房间和套间面积

娱乐

- 健身 / 水疗
- 甲板娱乐
- 剧场
- 特色项目订制
- 儿童项目
- 其他设施

邮轮的总体设计是对邮轮体验概念设计的落实和空间组织及量化的过程，船型和总体设计的格局已经相对确定，总体设计会在既有格局下进行改进。经验丰富的设计师会根据客房的尺寸、数量来粗略估计邮轮的规模，同时将各种配套面积（走廊、电梯、楼梯），墙体和其他服务、设备空间，管理、员工生活空间，进行配套完善，以成为一个基本的框架。嘉年华公司旗下的子公司 AIDA Cruises 总部位于德国的罗斯托克，定位服务于年轻和活跃的德国家庭旅客，提供一流的全方位配套休闲服务，确保儿童和年轻的家长都能拥有愉快的邮轮体验。AIDA Perla 是新近下水的典型大型邮轮，右表所示的是 AIDA "珍珠"号的基本参数，这些参数可以显示出项目定义的基本数据成果。当然项目定义需要考量的绝不只是几组数据而已。

现实中大部分邮轮，包括 AIDA 的邮轮会基于以前的船型或是同款船型的总体设计进行改进，加入新的愿景以及可能的环境氛围及格调定义。需要注意的是，不能做完船只的总体设计再去结合设计和品牌策略，必须同步进行结合，使之成为一个整体的总设计。

AIDA "珍珠"号基本参数

吨位	124100
长度（米）	300.0
推进方式	2个柴油/电力驱动吊舱
乘客甲板层数	18
船员总数	900
乘客床位数（不计加床）	3286
客舱数(总)	1643
面积范围(平方米)	13.0–85.0
阳台舱房数量	1133
无障碍舱房数量	29
电梯数量	18
赌场	有
游泳池数量	6
餐厅数量	13
剧场	有

Operation 运营描述
Definition

任何运营方案的底层逻辑都是盈利模式,

邮轮的运营方案也不例外。

自上而下的运营规划最终落实到空间的面积、床位,

桌椅数量以及可服务的时间价格区间等量化指标上以便初步计算盈亏。

运营的描述不是简单的财务计算,

邮轮运营方案最具挑战的方面是有必要设计一个既能满足客户市场需求的多样性

又能迎合邮轮盈利要求的规划。

邮轮不像陆地上的酒店一样嵌入在城市市政和商业系统内,可以和外部环境进行连接和互动。一旦离港,全部的能源、食品、人力以及排出的废物都需要自己来处理解决,又受限于船只的大小、形态以及结构,因而满足所有需求几乎是不可能完成的任务。

运营方案一般是基于为乘客提供服务的清单,同时包括乘员配置和后勤工作内容、空间面积需求,以及空间功能关系。其结论并不复杂,但由于不同区域的服务千差万别,重要性和复杂程度也不同,要得出这些结论的过程是较为烦琐的。设计师和运营商必须做出无数的价值判断:比如服务的对象是家庭用户还是老年人,哪个餐厅更为重要,邮轮的最瞩目的特色等。大多数情况下邮轮的船型变化并不是很大,规划的重要目标主要是公共区域的运营组织方式的创新,也就是餐饮和娱乐两部分的组织。任何规划都只有到了邮轮开始运行才算完成,规划既凭经验,也需要实践的不断检验来修正。

邮轮设计制造的流程

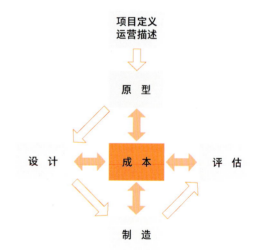

皇家加勒比"海洋光谱"号大董意境坊
©Royal Caribbean International

一个直接影响乘客对整个邮轮印象的重要因素是餐饮。运营商或有资质的餐厅顾问必须提供每间独立餐厅详尽的细节描述，这样室内设计师和厨房规划人员才能开发统一的设计和操作方案。食品和酒水理念应该贯彻到运营细节的各个方面，包括容纳能力、建筑面积、名称和图形、菜单、主题、营业时间、员工配置、特殊设备、制服和餐桌服务等要求。和酒店业略有不同的是，目前邮轮的投资开发方和运营方是一体的，而酒店业的品牌运营方和投资建设方合作开发更为常见。邮轮集团除了独立开发了一系列餐厅理念，演出剧目，设置运动项目，并设定一些特定的品牌，也会采用内部签约的概念或第三方运营商的理念引入其他的餐饮或者休闲娱乐品牌。复杂性在于邮轮既是漂浮于公海之上的独立王国，其员工的管理，标准等有其公司统一设定，又要接受各国、各种海事卫生等机构组织的规定、管理和抽查，因此，邮轮上的第三方运营更多的是以品牌授权的方式来运行的。

邮轮投资测算的闭环

制造预算	运行费用	运营费用
设计	能耗	市场费用
生产	动力	生活补给
人工	到访港口费用	娱乐项目
材料	维护和维修	设计制作
利润	人工	改造费用
间接费用		人工
税金	价值目标达成	

确定了邮轮的基本长宽高尺寸之后，就是可以依照惯例进行总体面积分配及初步布置。通常，邮轮管理公司通过已有的邮轮运营的经验和数据总结，会建立自己的标准清单，以及类似项目总结和市场可行性报告。运营公司准备的空间清单，建立基本的空间框架，帮助设计师理解邮轮的品牌形象和各个功能关联及设施，确定客房和套房的比例，明确主餐厅、特色餐厅的比例，剧场座位数和其他娱乐功能区域基本设定，提供管理办公室空间细节，分配服务功能区——厨房、仓库、员工生活区、洗衣房、工程和维修空间、船只部分的控制（舰桥）轮机等空间。这些资料可以帮助建立评估邮轮的规模、档次和类型，并帮助设计师将这些指导方针落实到舱房、公共区域、管理区域和服务区域。运营项目书也应该包括完整的员工计划，员工的人数和任务会在三方面影响空间需求：管理办公室、员工衣帽间和洗手间、员工餐厅以及员工的住宿区域；而员工成分也是非常国际化的，如果有穆斯林员工，祷告室是后勤工作区的标准配置；另外，员工计划还主宰不同系统和大量办公室及后勤工作区的设备需求。表格提供了不同邮轮各种房间空间，总空间计划（总面积）以及空间计划细节（面积统计）。

邮轮可能是最大的工业产品，其造价也可能是单体最高的。例如有 266 个房间的小型邮轮 Seabourn 的 Ovation 造价约 3.8 亿美元，丽兹卡尔顿的 149 个房间的"Evrima"号投资了 3.2 亿美元，而专为中国市场打造的大型挪威"喜悦"号则耗资约 9.2 亿美元，皇家加勒比为建造"海上绿洲"号同级船"海上交响"号投入了 13.5 亿美元【17】。邮轮制造的总造价摊销到单个房间上大体是从 35 万美元到 200 万美元之间，其中大型邮轮的造价相当接近，其单房间造价从 36 万美元到 75 万美元之间，而小型高端邮轮单房间造价则从 120 万美元到 200 万美元。对照陆地上酒店综合造价从经济型的 6 万美元到最奢华酒店每间客房 60 万美元造价来看【18】，邮轮的造价区间属于高端酒店。邮轮船体及航运相关的系统造价约为总造价的一半，而舾装（包含内部装饰）占另外一半，考虑到邮轮上造船的费用和酒店土地等不同因素，一般高级酒店土建和设备及装饰造价也是对半分配；考虑到土地价以及舾装包含的设备系统，大型邮轮和陆地上的酒店的造价和收益还是有可比性的。

近 5 年（2017—2022）下水大型邮轮造价信息表

（基于公开信息整理计算）

公司名称	邮轮名称	下水时间	总投资额（百万美元）	客房数	客房投资比（百万美元/每个客房）	吨位（GRT）
爱达邮轮 AIDA Cruises	AIDAperla	2017	645	1643	0.39	124100
	AIDAnova	2018	950	2500	0.38	183900
	AIDAcosma	2021	950	2600	0.37	183900
嘉年华邮轮 Carnival Cruise Line	Carnival Horizon	2018	800	1965	0.41	135000
	Carnival Panorama	2019	780	1965	0.40	133500
	Carnival Mardi Gras	2021	950	2641	0.36	183900
	Carnival Celebration	2022	950	2641	0.36	183900
精致邮轮 Celebrity Cruises	Celebrity Edge	2018	900	1467	0.61	129500
	Celebrity Apex	2020	900	1467	0.61	129500
	Celebrity Beyond	2022	900	1467	0.61	129500
歌诗达邮轮 Costa Cruises	Costa Smeralda	2019	950	2612	0.36	183900
	Costa Venezia	2019	780	2116	0.37	135225
	Costa Firenze	2020	780	2116	0.37	135225
	Costa Toscana	2021	950	2663	0.36	183900
星梦邮轮 Dream Cruises	World Dream	2017	960	1686	0.57	151300
	Global Dream	2020	1100	2500	0.44	208000
地中海邮轮 MSC Curises	MSC Seaside	2017	745	2066	0.36	153516
	MSC Meraviglia	2017	950	2244	0.42	167900
	MSC Seaview	2018	745	2066	0.36	153516
	MSC Bellissima	2019	950	2244	0.42	167600
	MSC Seashore	2021	1000	2270	0.44	169380
	MSC Europa	2022	1255	2632	0.48	205700
诺唯珍邮轮 Norwegian Cruise Line	Norwegian Joy	2017	920	1925	0.48	167725
	Norwegian Bliss	2018	920	2043	0.45	168028
	Norwegian Encore	2019	920	2043	0.45	169145
P&O Cruises	Iona	2020	950	2610	0.36	184710
公主邮轮 Princess Cruises	Majestic Princess	2017	760	1780	0.43	144216
	Sky Princess	2019	760	1834	0.41	143700
	Enchanted Princess	2020	760	1834	0.41	143700
	Discovery Princess	2021	760	1834	0.41	143700
皇家加勒比国际游轮 Royal Caribbean International	Symphony Of The Seas	2018	1350	2744	0.49	228081
	Spectrum Of The Seas	2019	940	2137	0.44	168670
	Odyssey Of The Seas	2020	940	1922	0.49	169300
	Wonder Of The Seas	2021	1350	2744	0.49	228081
维珍邮轮 Virgin Voyages	Scarlet Lady	2020	710	1408	0.50	110000
	Valiant Lady	2021	710	1407	0.50	110000

通过表格可以看出近 5 年内大型邮轮单舱室的造价在 36—61 万美元之间浮动，基于 7.5 万间客房平均造价为 43.86 万美元。根据舱房造价可以预判出运营时的销售价格。

General 总体布局
Arrangement

　　现代邮轮可以简单理解为：几个酒店放在一个可以提供浮力、稳定性、结构强度及可操控、可移动的平台上。总体布置是船舶设计的基础步骤，邮轮的总布置不同在于既要对应船只运行部分的总布置，更要面对面积占比更大的乘客活动的总布置，正如邮轮分为酒店和航运两个不同的管理部门一样。两个部分的总体布局的出发点不一样，一个是为了乘客服务，另一个虽然最终目的也是服务于人，但它首先要保障航行的安全可靠、运行的顺利以及建立对抗海洋环境的保护体系，更多地服从自然规律，使机器的系统运行得更好。从总体流线、系统布置以及结构布局上来看，两个体系都是邮轮密不可分的整体的一部分。航运和酒店在邮轮上类似于手段和目的，或者是充分加必要条件的组合，同时各自有不同的设计思维和工作运行方式。乘客乘坐邮轮的目的是寻找漂浮在海上的酒店和游乐场提供的特殊休闲度假体验，显然和人有关的总布置是巡游体验设计的重中之重。

　　正如 Kepes[①] 说过的："每一个现象，一个实体，一个有机形式，一种感觉，一种思想，包括我们的集体生活——它的形态和特性都应归功于内外相反两力斗争的意向；一个物质形体是自身结构和外部环境之间斗争的产物。"【19】船体是各种力量交汇的界面，邮轮的船体部分排开水体以产生浮力，其面结构形态既是对外防护的结果，更是内外各种力量平衡后的结果。船体外形是对漂浮、速度和稳定性的回应，随着人们对流体力学的理解能力增强和对更多不同物料运输的需求，船体的外观一直在发生变化。无论如何，船体的防护要求总是第一位的，船体结构虽然也很漂亮，但只能作为船体界面的支撑，不能像建筑那样外显其结构，成为建筑的一部分。而主宰上层建筑的总体设计不再是结构和防护要素，其主要的驱动是运营，帮助邮轮提高收益是最主要的发展动力。现代邮轮尺寸已经达到了长度、宽度和高度的极限，规模更大的邮轮提供了更多的空间容量以帮助邮轮获取更多的收益。更大规模的上层建筑显然能够承载更多的舱房，和陆地上的酒店类似，数量更多的房间是获客和盈利能力的基础。邮轮的顶层甲板由于承载着各类娱乐功能，反映在外形上往往更为自由，结合已经退化缩小的烟囱和桅杆形成了邮轮的轮廓。

① Gyorgy Kepes（1906—2001）美国探索艺术家、设计师和教育家，先后在 IIT 和 MIT 教授设计学，著有《视觉语言》（Language of Vision）等著作。

船 体
Hull

　　船体外形是技术发展主导的，是对速度、稳定性、能耗等多种因素进行平衡折中的结果。随着人们对流体力学和船体形状的理解更加深入，不同的平衡点导致了不同船体的变化。

"泰坦尼克"号邮轮
©Nationwide News Pty Ltd

"海洋绿洲"号
©Love's Photo Album

19 世纪 60 年代，英国工程师威廉姆·弗劳德（William Froude）① 使用大型石蜡模型对船体形状进行研究发现了船体的摩擦力以及发动机动力、螺旋桨和船体外形是如何组合在一起构成更高效率运行船舶的。弗劳德提出，大约 8:1 的长宽比（带有锋利的船头）能提高船体效率和稳定性，并提供足够的内部空间，这一结论在今天仍然成立。直到今天，现代大型邮轮外形长宽比大都在 8:1 左右，全长 300 多米，舷宽约 42—47 米，拥有 15—18 层甲板。和现代邮轮 10 层以上的客舱甲板位于上层建筑相比，初期邮轮采用帆和蒸汽机混合驱动，客货两用，乘客不多，所有生活空间都设置在船体内部。1894 年的《商船法案》（Merchant Shipping Act）严格限制了上层甲板运送的乘客数量，当时船只上层建筑层数少、体量小，船体占造型的绝对主体。船体修长、船底尖深、吃水深，以满足跨洋航行对速度和稳定性的追求。到 1906 年，一项修正案取消了对船只上层甲板的限制，上层建筑随着造船技术的发展和运营使用需要开始逐渐增高。

① 威廉姆·弗劳德（William Froude，1810—1879）英国造船工程师，和布鲁内尔一样曾任铁路工程师。研究流体动力学并发明鳍状舭龙骨。1868 年，提出当船和船模的速度对长度平方根比值相同时，其单位排水量的剩余阻力相等的定律（弗氏定律），建立了现代船模试验技术的基础，对船舶设计建造产生重大影响。

1932年，"诺曼底"号装上创新性的球形船艏——球鼻艏②，大大减少了船体的兴波阻力③。

"诺曼底"号一下水用了4天半时间从法国跨过大西洋到达纽约，创下了新的"蓝绶带"的纪录。"诺曼底"号被《法国文明史》一书盛赞为"世界首创"，成为法兰西的骄傲。现代船只船艏球鼻大体上是以这个原型为基础发展而来。船体和船体结构经由现代水洞实验及数字模型验证提升的船体效率和结构，其中最重要的设计内容便是基本结构和剖面的设计，后者校核横剖面对船体强度的影响有至关重要的作用，并且确定横剖面形式也是船体设计中最主要的部分。经过多年的经验积累，邮轮的船体基本外形已经较为确定，新一代邮轮基本是对已有的上一代船体进行少量调整改进，加长、加宽后，作为总体设计的基础。同时船体底层部分空间所承载的是船舶的能源和动力核心，容纳发动机、发电机机舱、传动轴系、燃料，以及服务于乘客的食物、水和垃圾的储存，厨房、主餐厅、洗衣房、暖通及空调系统、供水及废物处理、医疗设施、部分乘客和员工的住舱、员工餐厅和活动区，可以理解为使邮轮的酒店部分能够正常运行的支撑、防护、储存、维护的系统所在地。同时船体部分一般都会有几层客舱层，由于船体外壳作为结构的重要界面必须保证整体性以及必要的防护，在船体外壳上开洞受到限制，这一部分的客舱，也就是所谓的"海景房"，只能设有不能开启的较小的圆形舷窗。

② 球鼻艏（bulb bow）亦称"球艏"，船首部水面以下的球状突出部分，是一种用来克服船阻力的结构。其大小和形状与船体相配合可对水的压力起抵消作用，产生的船波较小，并可改善船体附近水流情况，以减小船的阻力。

③ 兴波阻力，是指船舶航行时兴起重力波引起的阻力。阻力大小与船长、船型和船舶航行方式有关外，并随航速而增大，减小兴波阻力的主要途径是改进船型设计（如加装球形船艏），使船体各局部产生兴波叠加后的总体兴波达到最小。

早期邮轮以多组烧煤的蒸汽锅炉提供动力，对应组数的粗大高耸的烟筒，排放出浓重的煤烟，配合着黑色或者深色的船身，彰显着机械时代的力量。相比传统邮轮，近代邮轮动力早已换代成柴油或者重油，今天更普遍地采用小型燃油发电机带动电机，驱动邮轮。随着排放标准的大幅提升，能效的增加，现代邮轮更为高效、节能，噪声排放以及所占用的空间都在减小。烟筒里冒出的烟也愈来愈稀薄，烟筒直径减小，最终所有烟筒整合到一起，烟筒早已不再是彰显力量之处。

但由于其传统的视觉中心的地位，每家邮轮公司都会花费大量精力设计烟筒，烟筒不再是烟筒的模样，这一部分的造型轮廓成为邮轮品牌视觉传达的重要元素，通过轮廓、造型、色彩起到视觉识别的作用。上层建筑的顶部设置桅杆、必要的航行灯以及导航和通信设备、排放废气的烟筒和燃气轮机等。邮轮以加勒比热带海洋巡游起家，船身涂装全部改为白色，以适应热带气候和乘客对海岛度假的感受。现代邮轮对涂装更为重视，全方位竞争格局下，为凸显品牌特质，吸引意向游客的眼光，促进新市场的开发，甚至请艺术家进行专门涂装设计。在整合了建造和运营成本、尺寸、推进方法和燃油效率、法规及标准之后，换代到最新的 LNG 驱动的发电机，新的推进系统几乎消除了噪声和振动，污染物也大为减少，上层建筑的尾部可以像任何区域一样供乘客使用。事实上，这里已经成了高端套房的聚集地。一些新的邮轮设计通过船艉的梯田式客舱，更好地利用了船艉开阔的景观。在现代邮轮的外观无可避免地趋向雷同的情况下，外观设计的重点就聚焦到烟筒、船头、船艉及船身涂装等局部的几个位置。

邮轮涂装设计创意：源自中国传统吉祥图案"金玉满堂"
寓意：如鱼得水 · 金玉满堂
作者：吴冠英，清华大学美术学院教授，

嘉年华邮轮（左图）
©Carnival Cruise Lines
地中海邮轮（下图）
©MSC Cruise

迪士尼邮轮
©DREAM A LITTLE DREAM

歌诗达邮轮
©Costa Crociere

上层建筑
Superstructure

邮轮和建筑一样，由结构提供框架形成空间，空间才是目的。邮轮的结构重量需要能源去移动，而空间需要环境运维，空间规划除了合理有效的利用之外，前面两个条件的经济性计算是无处不在的显性问题。这样思考的结果必然是舱房空间最大化，并尽量对直接不产生价值的垂直交通的核心筒、水平交通空间和服务区域进行合理优化。我们同时需要意识到服务体验也完全可能是通过这些不产生价值的空间来提供的，完整的体验必须通过完整的合理化空间，包括运营空间之外的服务性空间来实现。

船舶和建筑结构模型不尽相同，不过邮轮的上层建筑的结构和酒店建筑有相似之处。酒店建筑的结构模数是由客房的尺度决定的，这个规律在邮轮上也适用。邮轮的上层建筑不需要像船体一样的结构强度，采用由客舱模数的钢框架结构体系，设计的灵活度较大，空间排布更为自由。打个比方，邮轮的船体和上层建筑结构关系有些类似带有筏型基础的建筑物。邮轮的结构体系的尺寸模数也一定会考虑舱室单元的宽度，以便合理地容纳更多的舱室单元。

邮轮上层建筑总布置工作主要集中按照这样的程序进行：

1. 确定单层舱室布局的基本模式、开间数量，确定标准舱房和套房数量及比例；

2. 确定公共和服务电梯及楼梯、竖向管线集中的位置；

3. 确定公共空间的楼层位置；

4. 叠加相对固定的功能节点和空间，如邮轮登入层入口、货运入口、救生艇的位置等，及必要的交通流线组织；

5. 建立基本空间框架，填充相关多功能空间并进行微调。

邮轮上也会使用类似的酒店设计术语，如：

1. 房间数：独立的可出租单元；

2. 客房开间数：典型的客房开间模板；

3. 结构开间：两个结构柱体间的尺寸通常等同于一间或两间客房的宽度。

由于客舱规划牵扯面很广，设计团队需要研究设计组合的各种可能性，包括研究单个客舱室内设计，最终确定模数的宽度、每层开间的数量、电梯和服务核心的位置、布局以及套房的安排。邮轮室内设计是需要同步于总体布置开展的，对总布局提出空间改进，这是一个同步进行互动的过程。邮轮内装概念设计将项目定义和运营描述转化为可视化的概念设计及基本描述，其中邮轮的室内设计的平面布局是在邮轮的基本设计总布置图（GA）的框架下微调互动的结果，同时也是对总布置的深化和修正。

设计结果主要包括：

1. 规格书和说明书：大体介绍该船的主体功能布置及性能、材料技术参数；

2. 总布置图（GA）：描述船舶的总体布置下的室内设计及布局等；

3. 设备材料厂商表（BOQ）：开列出有关设备及材料的生产厂商；

4. 必要的表现图纸。

邮轮的总布置阶段必须首先考虑客舱的排布。和酒店建筑设计一样，邮轮的上层客舱数量巨大，重复率高，客舱的模数和邮轮结构模数需要协调一致，不仅上层建筑的结构模数是由单个客舱尺寸决定的，船体的结构也会参照此模数调整，也就是总体布置由客舱的室内设计作为基础模块确定结构的模数。客舱也作为基本的模数单元先行室内布局，最后生成一个基本结构模数，确定了客舱的数量和排布后，最终确定了邮轮的大体体量和外形，这是一个自内而外的过程。由于邮轮长宽相对固定的 8:1 比例格局，客舱基本上是按照走廊双侧或单侧来安排布局，使面积利用率最高。邮轮上所有的功能区都要布置在 8:1 这样狭长的甲板空间范围内，大型邮轮单层甲板的面积在 1—1.6 万平方米左右，空间布局相对更为自由，但仍然要面对这个挑战——如何让几千名游客在这个孤悬在海上空间中长时间活动而不会觉得单调和局促。

邮轮上层建筑外侧面海的部分是一定要充分利用的地方——设置带阳台的船舱、套房、水疗中心、休闲设施、休息室、疗养所和酒吧。为了充分利用每一个能够看海的立面，邮轮的上层建筑基本呈现为矩阵式排列的阳台的线性延展，占据了船舷的两侧以及船头和船尾面海的立面。现代邮轮的船体和上层建筑越来越成为一个整体的体积，已经很难判断上层建筑从哪里开始，在哪里结束，这和早期邮轮低矮的类似"多层蛋糕"式的前后退台的上层建筑形成了鲜明的对比。在收益准则的驱动下，各家邮轮公司的船外观看起来大同小异，都像是一个 300 多米长，60—70 米高的高层集合住宅，只能通过烟囱轮廓和船身涂装的不同设计来区分不同的品牌。

　　大型邮轮更多地使用垂直功能分区的原则。目前世界上已有的 200 多艘大型邮轮剖面布局也都大同小异，延续了邮轮的传统剖面布局，都呈现一种三明治式不同功能叠加的布局形式。和上文提到的马赛公寓的剖面布局类似，公共区域位于船体和上层建筑的连接层左右，向下和向上都是舱房层，最顶层甲板布置了游乐设施。邮轮的三明治式的布置形态设计是为了方便乘客登船和客舱部分的乘客到达，同时由于海上救生的要求，救生艇和必要的配属的登船空间也基本只能安排在中间 4—6 层甲板（从人员活动层算起）这个位置。从纵剖面上看，从登船层开始，向上的 2—3 层为低区公共活动区，设置的公共活动空间包括：商业内街、赌场、咖啡厅、酒吧、摄影廊、图书室、网吧等；两端设置剧院、正餐厅等大空间用房。登船层向下为位于船体内的低区舱房区，外侧以海景房为主，内侧为内舱房。登船层往上则是高区客舱区，外侧以阳台房为主，内侧为内舱房或是机房；多数套房位于船尾，也有少量套房位于船首。高区客舱区之上是 2—3 层高区公共活动区，包括顶层的露天甲板区，其中低层甲板区布置客舱，中部高区甲板区以室外活动空间为主，包括：泳池、球场、跑道、高尔夫球场等；也有室内用房，如健身房、歌舞厅、酒吧、自助餐厅，船体两端及中部布置交通核心和中庭空间。

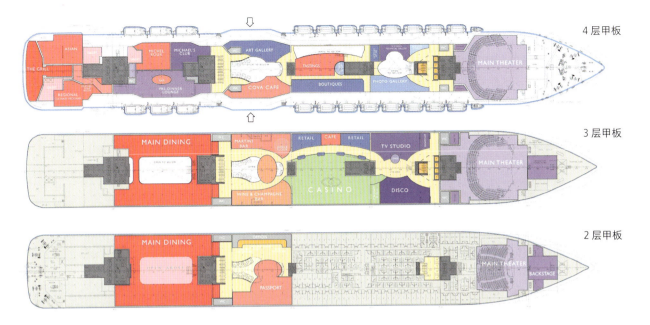

4 层甲板

3 层甲板

2 层甲板

精致邮轮"水影"号的 2—4 层总布局
从"水影"号的总布置可以看出2层的主餐厅和3层通高的剧院位于船的两头，中间的小型餐饮、商业及其他公共空间通过较为活跃的内街空间串联起来。带有后舞台的剧场布局在邮轮上是罕见的配置。

电梯及楼梯的位置排布和大型的建筑竖向交通核心筒类似，每个交通核心有四至六部电梯，结合安置各类竖向的管道、线缆、逃生楼梯等，与建筑的核心筒布局方式无异。这类交通核心沿着船的中轴线布局，按照交通和疏散的距离要求布局。一般大型邮轮会设置2—4个垂直交通的核心，以便充分覆盖服务的范围，使宾客的步行到任意舱房的距离大体一致，符合海上逃生规范规定的安全疏散距离。乘客登船使用的电梯会在船的前部、中部，并且与邮轮大堂连接在一起，而服务电梯则需要与保洁和其他后台工作区域相连，且不能和客人的流线交叉。 在电梯和竖向的设备井道核心筒和舱房排布确定后，标准舱房层的布局就基本成型了。再布置较为灵活的公共空间，同时进行船体结构、后台服务流线及轮机舱室的布局。一艘邮轮的基本总布置框架确定下来，可以作为后续高区甲板和

室内空间设计的基础。

小型邮轮总吨位较小，且定位不同，更多地采用水平功能分区原则，客舱区、公共活动区在同一水平层分开布置，通常船的前半部分为居住客舱区，后半部分为公共活动区，每层甲板都是类似的布置方式。邮轮上各部分空间的调整和改进都能反映邮轮运营商对当地市场的判断和之前运营的经验积累。设计师意识到总体布局的一个基本原则是要促进邮轮的收益，设计师应与娱乐总监、经济顾问、运营顾问一起工作，以保证邮轮的体验感及经济效益。20 世纪 80 年代，法库斯在嘉年华邮轮上的设计大获成功，一个重要原因就是将商业收益和空间布局紧密地联系起来，将热点的"比邻"区域合理布局设计，吸引和促进乘客的消费，帮助船东获取更多的船上收益。乘客在船上的二次消费是邮轮公司盈亏的非常重要的组成部分。

　　1983 年丹麦 Knud E. Hansen 公司 为挪威的 Kloster 集团设计的"凤凰城"邮轮，长 380 米，宽 77 米，可容纳 5200 名乘客。其上层建筑分为 3 个独立的部分，建筑通过船体的 3 层公共空间连接，公共空间超过船体宽度进行了外挑式的加宽，使得公共空间更为宽阔，从而能够拥有丰富空间感受。同时使用外挑的方式悬挂救生艇。3 个部分之间更像是有限定的城市外部公共空间。而船体内部则设置了类似登陆舰的船舱，可以容纳 4 条专门设置的日间通勤游船进出。这个概念方案在完成到总体设计阶段后并未实施。

Knud E. Hansen 公司 logo

凤凰城

Phoenix-world city

下水年代	概念阶段
吨位	250,000 GRT
载客人数	5,200（最大）
长度	380.0 m
宽度	77.0 m

凤凰城入口效果图（右图）
©KNUD E. HANSEN
凤凰城侧面效果图（下图）
©KNUD E. HANSEN

PHOENIX WORLD CITY

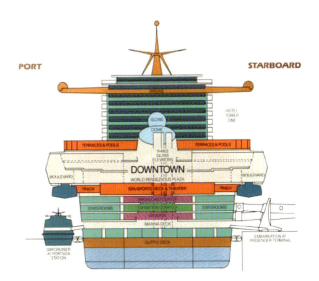

凤凰城横剖图
©KNUD E. HANSEN

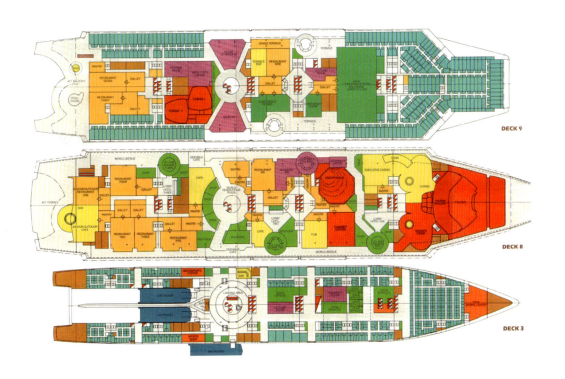

凤凰城总布置图纸
©KNUD E. HANSEN

低区
Low-level 公共区域规划
Public Area
Planning

邮轮采用三明治式剖面布局方式主要还是基于功能和流线需要。

邮轮的登船层和货物进出都会就低布局方便人和货物的上落，一般都在邮轮的 4—5 层，

而为了配合 SOLAS 对救生艇配置数量和高度的规定以及逃生的要求，

剧场、主餐厅都会在登船层上下布局，

同时结合其他的商业、酒吧、赌场等，构成低区公共空间。

这部分的平面布局首先确定主要大型的功能空间位置，一般就是指剧场和主餐厅。

剧场通常占据 3 层的层高，容纳上千个座位，兼顾多种表演形式的多功能演艺空间，

同时也作为安全培训和紧急情况下乘客集结的地点与登临救生艇的外走廊相连；

而主餐厅服务于全船数千乘客，是面积最大的单体空间，往往跨越两层并和主厨房紧密相连。

这两个空间常规上布局在邮轮的一头一尾，这样的布置便于组织交通流线。

在两个大功能空间位置确定后，其他的中小型功能空间就可以相对灵活布局，

以便创造出相对丰富的空间感受。

"海洋绿洲"号

"海洋绿洲"号作为最大的邮轮，提供了更宽的船身（Beam 46 m），为室内设计打下了很好的基础，"海上绿洲"号空间条件可以完全和陆地上的大型建筑综合体相提并论。上层建筑沿着两侧船舷布局，中间的空间作为中央花园以及3层通高的内街来使用，所有的公共空间围绕着中央花园以及内街来布局，形成了极具丰富性的空间格局。公园和内街两段由大剧院和水上剧场收束，形成完整序列。可以看到，"海上绿洲"号的剧院甚至有台仓和天幕，几乎可与陆地上的标准剧场相媲美。

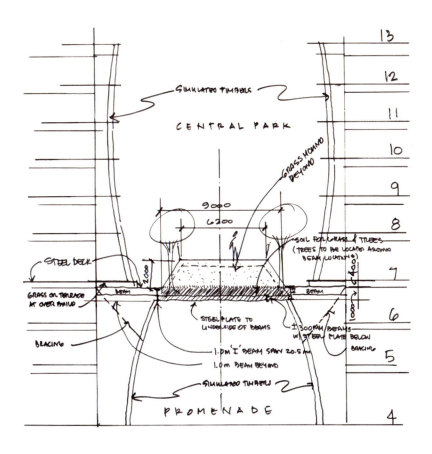

内街采光天窗及景观电梯、玻璃幕墙造型研究（右图）

"海洋绿洲"号纵剖面及规划（下图）

剧院
Theater

邮轮剧院里的视觉盛宴是为游客提供情感转移的重要空间。百老汇剧院式的演出是现代邮轮娱乐内容的重头戏，大型邮轮着力排演百老汇许可的剧目，结合高科技手段，力图利用艺术的手段建立和乘客的紧密连接。能看到拉斯维加斯式的表演是邮轮娱乐体验的重要组成部分。邮轮公司往往与独立音乐制作人、作曲家和歌曲作者合作开发内容，皇家加勒比国际游轮公司甚至组建了自己的演艺公司，专门培训演艺人员，同时创作改编并排练船上的各类剧目和节目。邮轮公司通过改编和适当压缩简化，演出过许多脍炙人口的剧目，如：《猫》《妈妈咪呀》《阿拉丁》等音乐剧目。

同时，为了适应不同文化背景的乘客，内容形式的国际化和地方化搭配显然是必由之路。为了给乘客提供最佳的观演体验和感受，要求邮轮上的剧场更为灵活，比如容纳中国顾客喜爱的相声等，以适应不同剧目和节目的要求和船上演出条件的限制。

传统上，剧场一般位于邮轮的船艏低层位置，占据两层甲板的高度，靠近邮轮大堂。一方面，便于人流交通组织；另一方面，作为邮轮里最大的单体空间之一，剧场也是应急集合地点。陆上剧场可能会细分为话剧、戏剧或者音乐剧，限于空间条件，邮轮剧场必须多功能使用，至少也要有限满足歌舞剧的观演条件。

邮轮公司勇于创新，将传统剧场演出内容和使用方式重新定义，提供更有浸没式体验感的演出，拉近演员和观众的距离。这样的剧场不再拘泥于邮轮前部的传统布局，演出也不仅仅在剧场里，邮轮的中部甚至后部的一些空间，以及高区甲板泳池周边都有演出上演，以便更为广泛地建立情感展示和连接转移的场所。剧场变成开放式布局，更为休闲和非正式，由于演艺人员和观众更为接近，类似小剧场，气氛也更容易辐射到全船。皇家加勒比国际游轮公司的"海洋和谐"号、"海洋绿洲"号和"海洋交响"号都在船艉配置一个室外水上剧场，为结合水景的剧目提供背靠辽阔海洋的特殊体验。20世纪70年代以来，在露天甲板上放映电影已成为邮轮传统娱乐活动的一部分。2004年，公主邮轮的"至尊公主"号推出了"星空下的电影院"计划，现在大多数大型邮轮都拥有300平方英尺（约28平方米）的室外池畔电影屏幕，配合音响系统提供完整的"环绕甲板"音响。邮轮公司免费提供毛毯甚至爆米花，嘉年华"VISTA"号还设置了IMAX影院，在现有技术条件下展开全面的情感展示和联系。

"海洋交响"号水上剧院

爱极的剧院脱离了传统的舞台剧院。模糊观众和表演之间的界线，使乘客沉浸在无与伦比的娱乐体验中，表演与空间本身一样具有创新性。四个舞台区域和巨大的移动视频屏幕为在这里上演的作品提供了各种可能。主舞台延伸到观众席甚至观众席上空，使表演达到了一个全新的水平。

剧院的设计要点

1. 舞台：舞台的限定主要是空间宽度、高度和深度，目前已不再采用传统的台口和侧台布局形式，而是因地制宜地结合化妆间和布景完成跑台的动作；

2. 视线：即便占用了两个甚至三个公共甲板的高度，剧院内部的净空也还是非常有限，还要占用下一层甲板的部分空间获取宝贵的高度，采用较低的起坡方式使乘客获得更好的视线和观演体验；

3. 声音：邮轮上的演员基本是靠录制好的音乐配合完成演出，即便是有现场乐队，更多的也是表演而非音乐主体。在电声为主的情况下，剧场的声学更主要以吸声为主，同步控制噪声和振动对周边空间的影响。一般剧场周边不布置乘客的住舱（但是很可能布置乘员的住舱，所以隔声减震依然很重要）。

4. 照明：常规的剧院照明结合调光系统提供给观众舒适的视觉感受，舞台灯光没有陆地剧场多样的面光耳光设置，更多采用灯架灵活布光，所有的声光控制集中于有较好视听效果的声光控制台（室）。

5. 空间灵活性：表演节目的种类（舞蹈、戏剧、演唱、杂技魔术等）繁多，舞台需要必要的折中来适应不同需求，同时，观众席也会考虑较为灵活的座椅排布，以适应不同活动的需求。

剧　院
THE THEATER

▲ 入口　　　　▲ 入口

0 1　3　5M

精致邮轮"爱极"号剧院平面图（上图）
精致邮轮"爱极"号甲板3层平面（右图）

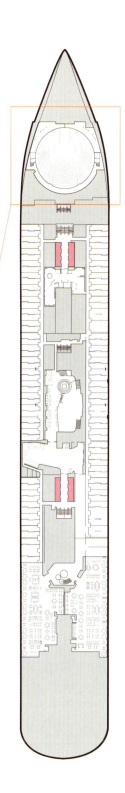

皇家加勒比"海洋光谱"号270°演艺厅（TWO70）（日间效果）

270°表演

　　在结合科技、艺术及表演方面，"海洋光谱"号上著名的270°景观演艺厅，用270°全景玻璃幕墙，变化多端的功能舞台，Vistarama全息数码投影技术，复杂的无缝视频投影系统，18台投影仪整合在一起，形成了一个100多英尺（30多米）宽、20多英尺（6米多）高的投影屏幕。六面电子系统显示屏幕、训练有素的现场表演者、美妙的音乐和神奇的特效，为游客带来了叹为观止的观看体验。

皇家加勒比"海洋光谱"号 270° 演艺厅（TWO70）（夜间效果）

以全息环幕为背景，通过充满异域风情的舞蹈表演，加上现代声光和智能机器人屏幕造势，打造全新感官体验。

餐 饮
B&F

    游客的餐饮体验显然是邮轮的命脉，除了邮轮设施和旅行目的地，绝大多数游客都会谈起邮轮上的餐饮体验，食物、环境、排队时间以及其他与餐饮相伴的活动，这都是体验的内容。不同于陆上酒店的客人可以有多样的在地餐饮店选择，邮轮游客整个行程的餐饮都只能在邮轮上解决。

    大型邮轮的餐厅包括主餐厅、自助餐厅、特色餐厅、销售三明治汉堡的快餐摊档等。不论主餐厅、自助餐厅、付费特色餐厅，邮轮餐厅的管理者和设计师都应在开发早期对运营的细节深思熟虑，在邮轮开发早期阶段就规划餐饮种类和配套，并大致确立营业时间、菜单和特色、主题及整体氛围，包括餐厅的名称和标识，然后才能交给室内设计师去设计主题理念。在考虑餐厅的规划设计细节时，设计师应该熟悉餐厅的服务营销、菜单设计、服务和食品准备技术及运营理念，以便深入设计细节。

    我们需要特别关注的是，虽然餐食是餐厅的核心，但有关餐食的故事、加工制作、餐饮的礼仪、器具、服装及程序等，特别是和邮轮相关的内容的开发，就是餐厅体验设计的核心，餐厅的空间、形式以及氛围的规划设计则是这些内容的载体。

主餐厅
The Main Restaurant

邮轮上的主餐厅类似酒店的全时餐厅，供应一日三餐，往往占据5—6层甲板的尾部，类似星级酒店的配置，为了对应邮轮游客的人数，餐厅数量和面积要多且大。大型邮轮上一般会有1—2个主餐厅，更大或对餐饮更为重视的船，如"海洋量子"号及"蓝宝石公主"号甚至会有3—4个主餐厅。

邮轮通行船票包餐制，即主餐厅和自助餐厅的餐食是包含在船票之内的，数千人一日三餐的供应是其首要任务。主餐厅的餐位数一般是邮轮房间数的0.6倍，加上自助餐厅及特色餐厅对乘客的分流，一次翻台就可以满足所有乘客的用餐需求。避免用餐排队一直是邮轮公司提升用餐体验的重要目标。大型邮轮上的客人须按各自船卡标注的用餐时间前往主餐厅用餐，即便如此，排队和拼桌用餐的现象在大型邮轮上仍不可避免。虽然邮轮公司喜欢吹嘘自己的美食，但现实情况是，当厨房必须同时提供几千份餐食，标准餐食和供应时间的控制恐怕比品质更为重要，高质量地解决基本餐饮需求是主餐厅的目标。

主餐厅是相对正式的场合，有穿西装甚至燕尾服的侍者服务，食客可能需较为正式地着装方可入场。不过，不同邮轮风格定位不同，对着装也有不同的要求，传统的老牌邮轮公司如冠达等，对着装礼仪要求较高，其特殊的餐饮礼仪包括船长晚宴，已经成为邮轮特色体验内容；以爱达为代表的新生代邮轮公司则更注重休闲氛围，对就餐着装没有特殊要求。

主餐厅是乘客必去的空间，需要按照邮轮的主题进行风格把控，同时，考虑到空间面积巨大，需要在两层的空间中做一些变化，提升视觉感受。常见的方法是，把两层打通，做一个通高的空间。同时，利用环境灯光控制、餐桌的布置、桌布和餐垫的更换、临时的食物展示、表演以及灵活分割空间的隔断等，来配合三餐不同气氛以及特殊活动的变化需要。

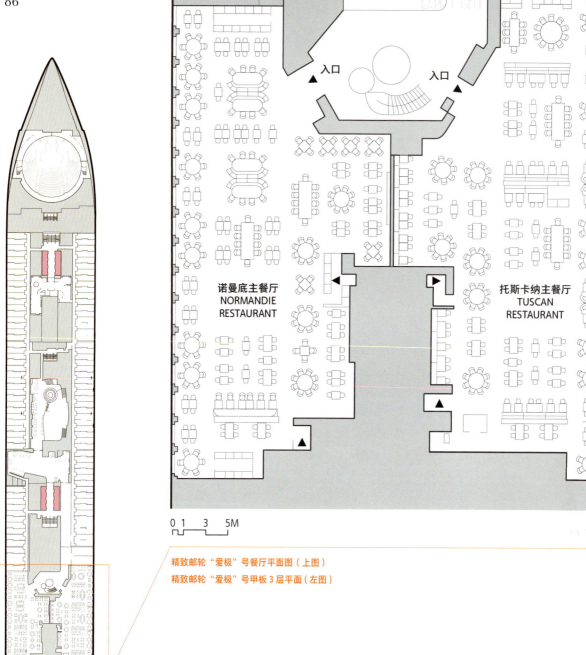

入口 ▲   ▲ 入口

诺曼底主餐厅
NORMANDIE
RESTAURANT

托斯卡纳主餐厅
TUSCAN
RESTAURANT

0 1 3 5M

精致邮轮"爱极"号餐厅平面图（上图）
精致邮轮"爱极"号甲板3层平面（左图）

精致邮轮"爱极"号托斯卡纳餐厅

©Celebrity Cruises

精致邮轮共有四家免费餐厅。每间餐厅均会受到世界特定地区的启发，具有
独特的设计和氛围。包括每晚更换的招牌菜以及"展示灵感"的精选菜。

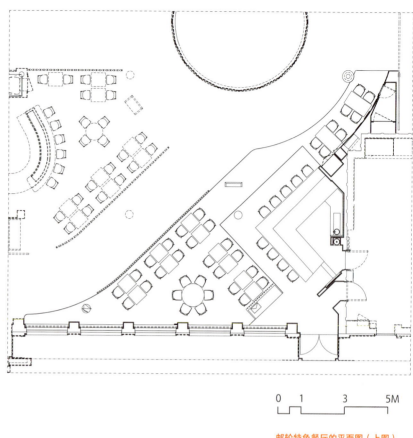

0   1   3   5M

餐厅的设计要素

1. 迎宾：控制进入餐厅的人流，领位；

2. 分区：邮轮上的主餐厅一般都是两层或三层，自然分区，且有各自的入口，甚至有不同的餐厅名字，以方便接待并提升效率；同时，拥有更多的分区，在人流少的情况下，方便关闭部分区域；

3. 灵活安排的餐桌：乘客的成分和团队较为复杂，采用不同餐位数的餐桌布置，尽量满足乘客一同用餐的需求，对餐桌的灵活调整和组合是必不可少的要求；

4. 食物展示区域：自助取餐或者特色食材展示的区域；

5. 可能的仪式举办或表演区域：视觉中心提供可以做临时讲话和表演的场地及相应的视觉、照明、音响条件，便于特色活动的开展；

6. 可调灯光及背景音乐系统：提供能够适合早中晚餐的不同灯光氛围，以及配套的背景音乐系统；

7. 餐厅的视觉系统设计：制服、桌布以及餐厅的标示等视觉元素；

8. 服务站：每80—100个餐位设置一个酒水、餐具的服务点。

餐饮的享受一直是邮轮体验的重点内容。特色餐厅区别于主餐厅是餐饮体验的重要载体，早在1936年，"玛丽皇后"号就开创了第一家需要额外付费的特色餐厅，但直到1988年，现代邮轮诺唯真公司才设立主餐厅之外的收费法式餐厅。真正流行起来是到了1993年，星际邮轮引入的多达七个餐厅的组合产生了所谓"自由巡航"多餐厅模式，意味着你可以自己选择在哪里吃、吃什么以及和谁一起（在这以前，邮轮的餐位和餐牌都是固定的）。现代大型邮轮上一般设有多个特色餐厅，与酒店类似，搭配各类美食，牛排屋、日餐、中餐、意餐都是常见的类型。越来越多的知名厨师或餐厅加入邮轮，乘客可以获得更有特点的食物、酒水、服务和氛围。收费餐厅的氛围和风格一般都追随其餐饮的方向，并围绕着菜单和服务风格进行特殊设计，通过材料、家具及配饰、视觉设计等相互配合来强化主题，并赋予交互性和体验感。例如，"云顶梦"号上的铁板烧烧烤店，"海岸线"号和"遁逸"号的特色餐厅等，厨师在座位区旁边的铁锅上煮饭时，切碎、切片、翻转食物的加工过程亦是一种表演。

餐厅运营内容的确认

1. 市场特征定性；
2. 理念（菜单类型、服务方式、娱乐）；
3. 设计要素（氛围、桌布、陈列）；
4. 运营方式（营业时间、员工、座椅的混搭）；
5. 财务预测的准确性。

ELEVATION OF MAITRE'D LOOKING FORWARD

ELEVATION OF SUSHI BAR LOOKING STARBOARD

ELEVATION AT SUSHI BAR LOOKING FORWARD

PARTIAL ELEVATION ON ROYAL COURT UPPER LEVEl

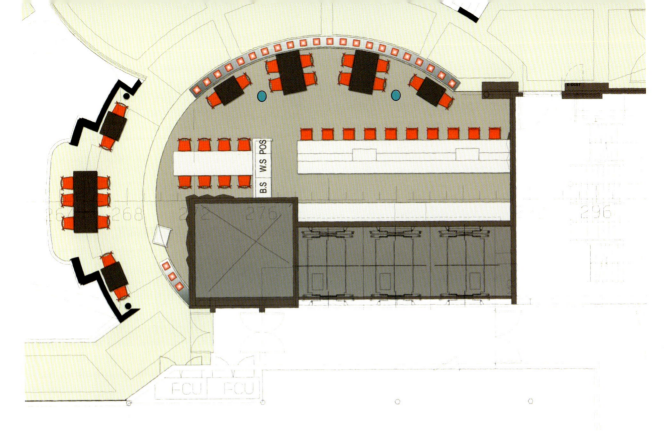

Callison RTKL 为在"海洋量子"号上提供出色的就餐体验奠定了基础。Izumi 是一间拥有 1,033 平方英尺（约 96 平方米），44 个座位的寿司餐厅，是皇家加勒比海国际游轮公司的"海洋量子"号游轮上的特色餐厅之一。CallisonRTKL 的创新设计为餐厅带来了前沿的城市风情，并从日本文化中汲取了灵感。设计团队通过使用大胆的图形与原本简单干净的调色板、现代材料以及一些精心挑选的杰出元素进行对比完成了舞台式的设计。

©Callison RTKL

酒吧是西方人喜爱的社交和聚集场所，加之海洋、度假、热带环境的要素，在邮轮上，对酒精的消费是重要的规划设计内容。一艘大型邮轮上最多会有十多个酒吧，结合大堂、赌场、泳池等，在不同部位布置，设置运动、音乐、舞蹈、演艺或者专门酒类专题等不同的主题。

"海洋光谱"号 Bionic Bar 点餐设备

Bionic Bar

2016 年，两个机械臂出现在皇家加勒比旗下的"海洋量子"号和"海洋礼赞"号邮轮的酒吧里，它们娴熟地从吧台上取酒、倒酒、摇匀、搅拌，直到一杯美味的鸡尾酒被自动传送到点单的客人面前。这是世界上第一个采用机器人酒保的酒吧 Bionic Bar，也是邮轮业最早开始运用人工智能的场景之一。之后，越来越多的 AI 技术向邮轮业渗透，刷脸、语音识别等各种黑科技也出现在游客的邮轮旅行体验之中。

调动情绪、提升感官享受、诱惑消费者、大规模地制造梦与刺激。与此配套的是审美诱惑的无限扩张以及邮轮上生活场景的景观化和主题化。在这里贩卖的不再只是使用价值和刻板现代工业设计情趣，更主要的是风格化的景观、轻松戏谑的氛围和各种安全可控的享乐刺激的体验。现代邮轮的出现表达的不再是技术的进步，而是消费社会的升级宣言，是消费社会的一种经典范式。

邮轮上的"厨师长餐桌"是新近增加的烹饪美食体验活动，厨师长餐桌最多可容纳 12 人，配有多道精美的特色晚餐和葡萄酒。食物由行政总厨主理，故名"厨师桌"。另外，烹饪演示课程在船上非常流行，时有知名厨师和糕点师参与，一些邮轮还专门设计了带有烹饪设备的大型台面，供乘客和厨师互动。烹饪工作室的内容如果结合旅游目的地的特色餐饮或者特色物产，会更受欢迎。

酒吧的设计要素

1. 入口流线：与周边形成较好的视线关系，在视觉及听觉上把内外分开；

2. 大厅座椅区：占酒吧 1/3 的面积，布置座椅区域，与娱乐活动区形成较好的互动；

3. 吧台区域：最重要和醒目的区域，集成酒的存放、加工、收银等功能。需要在入口就能看到，同时方便吧台的客人观看表演及舞池的动态；

4. 娱乐区域：容纳一半客位的舞池或者活动区域，包含舞台及多个屏幕；

5. 视频、音响、舞台、舞池灯光系统：音响及灯光，特别是舞池灯光控制，根据情况集成到 DJ 台或者吧台；

6. 隔声：酒吧往往是噪声的发源地，且运营时间较长。由于邮轮空间所限，酒吧附近很可能就是舱房，所以噪声控制非常重要，一方面可通过运用吸声减震材料、封闭空间等方法来减少噪声的传播；另一方面，酒吧的位置选择也极为重要。

"海洋光谱"号 Bionic Bar
©Royal Caribbean International

Plan of 舱房区的规划
Cabin Area

房间的数量意味着邮轮运营商的利润空间。

即便是大型邮轮，相对于数量众多的乘客来说，空间依然是有限的。

可以说船上最珍贵的是空间，无论是高度还是宽度和进深，设计对空间都必须

尽力挖掘，当然这也对设计产生了一定的限定。

虽然大型邮轮的各方面硬件都能达到星级酒店的中上水平，

但所有大型邮轮的舱房，在空间尺度上只能和经济型酒店相比拟。

在这个条件下，舱房面积比例最大化、流通和服务区域（服务电梯间、床品储藏室、

机房等服务空间）最小化是非常重要的。

对标准的模数化舱房进行详细的基于人因尺度的推敲是必不可少的工作基础。

近代，由于大型邮轮船宽增加了，

主要的变化在于，结合邮轮外部造型的内部布置变化以及内舱房的排布，

但不变的是，所谓海景房及阳台房一定最大限度地排布在邮轮周边，

以便最大限度地获取阳光及景观。

与酒店对房型的分类不太一样，一般邮轮分为4种类型的客舱：内舱房、海景房、阳台房、套房，通过名称就可以了解舱室的基本特征。内舱房是位于内部的无窗房间；海景房是位于船体低区甲板的舱房，有对外的窗户，但由于结构及防护要求，窗户面积较小且不能开启；阳台房是位于船体之上的上层建筑外侧的舱房，开窗开门自由且都有阳台；套房一般占据两间标准的阳台房，甚至更多面积的客房。由于船只的曲线造型，船头船艉部分的房间并不规矩，设计师只能因地制宜来排布，同时由于船头船艉特别是转角之处的景观特殊，往往按照套房来规划。当然，也有将套房集中规划在高区甲板前侧的案例。在小型豪华邮轮上，一般只有阳台房和套房，甚至只有套房，船体没有大型邮轮那么宽，也就不设置内舱房。

　　不同房型的比例控制是由邮轮品牌的市场定位和运营来制定的，其中，主要是控制套房的占比及总房间数。一般大型邮轮的套房根据市场的定位不同，占比在 3%—12% 之间。近年来，美国、欧洲的邮轮公司相继出现单套房、双套房甚至跃层套房，以适应不同层面的家庭和长期居住的游客需求。套房的设施配套齐全，均配有起居室和卧室，富有家庭气息，有的类似小型别墅。这些套房客舱按奢华标准进行设计，与陆地上的高级酒店无异，通常布置在船头、船艉或船型的异形空间。

不同邮轮业态舱房面积

	舱房面积（m²） 平均值	舱房面积（m²） 最小值	舱房面积（m²） 最大值
现代邮轮及 廉价邮轮	11.6	5.0	98.4
精品邮轮	14.4	12.4	140.7
奢华邮轮	19.5	12.8	120

来源：ThedevelopmentandgrowthofthecruiseindustrybyRogerCartwright.CarolynBaird1999

　　在大型邮轮中，无论内舱房、海景房还是阳台房，双人客舱单元（双床间）占比最多，常称为标准客舱单元。双床间客舱是邮轮的主体房型，占到客舱总数的 80% 以上。由于其模数化和重复性，最大量的标准客舱一般都采用标准化模块生产，最后运输到船体上，以舾装的方式进行，所以其设计需要更为精细化，通过样板验证后才能批量生产安装。

　　邮轮标准客舱的一个显著特点，是大部分房间都可以增加床位，但与陆地酒店临时加床的服务不同，邮轮客舱所加的床位是客舱内的固有设施，例如上铺折叠式床位，该床位在不使用时贴合在客舱的垂直舱壁上，或者是吊顶内部，需要加床时，则拉下作为床位使用。同时，沙发也可作床位来容纳更多的人数。

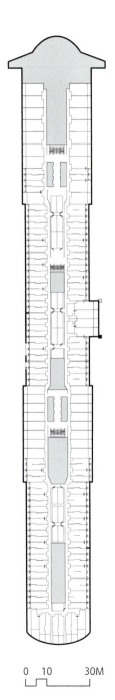

0　10　　　30M

**精致邮轮"爱极"号
甲板 11 层平面**

部分大型邮轮套房占比统计

公司名称	邮轮名称	下水年代	GRT （万吨）	套房数量 （数字/个）	客舱总数 （数字/个）	套房占客舱比 （%）
MSC Cruises （地中海邮轮）	MSC Grandiosa	2019	17.7	145	2442	6%
Celebrity Cruise Line （精致邮轮）	Celebrity Edge	2018	12.95	182	1487	12%
Norwegian Cruises （诺唯真邮轮）	Noewegian Joy	2018	16.773	176	1925	9%
Royal Caribbean International （皇家加勒比国际游轮）	Symphony Of The Seas	2018	22.808	219	2741	8%
Norwegian Cruises （诺唯真邮轮）	Norwegian Bliss	2018	16.8	106	2047	5%
MSC Cruises （地中海邮轮）	MSC Seaview	2018	15.205	186	2056	9%
AIDA Cruises （爱达邮轮）	AIDA Perla	2017	12.6	90	1602	6%
Princess Cruises （公主邮轮）	Majestic Princess	2017	14.4	36	1770	2%
Carnival Cruise Line （嘉年华邮轮）	Carnival Vista	2016	13.35	74	2012	4%
Dream Cruises （星梦邮轮）	Genting Dream	2016	15.13	182	1714	11%
Norwegian Cruises （诺唯真邮轮）	Norwegian Getaway	2014	14.566	80	2010	4%
Royal Caribbean International （皇家加勒比国际游轮）	Quantum Of The Seas	2014	16.867	138	2096	7%
Costa Cruises （歌诗达邮轮）	Costa Diadema	2013	13.25	75	1862	4%
MSC Cruises （地中海邮轮）	MSC Divina	2012	13.9	97	1751	6%
Disney Cruise Line （迪士尼邮轮）	Disney Fantasy	2012	13	21	1263	2%
MSC Cruises （地中海邮轮）	MSC Splendida	2009	13.79	107	1637	7%
	平均值		15.2			6.3%

舱房
Cabin

　　明确邮轮目标市场的特殊需求并了解客户群的期待，非常重要。家庭用户和团队市场，需要的是不同的配置，兼顾也需要相应的设置。现代邮轮上，客房的风格、舒适度都有了长足的进步，20 世纪邮轮头等舱才配置的卫生间早已变成现在标准舱室的配置。但限于船的形态，大型邮轮上的标准舱室开间一般在 2.7 米左右，和经济型酒店的最小开间 3.7 米都没法相提并论[①]。开间固定的情况下，标准内舱房比海景房、阳台房略小，但常规的面积不小于 17 平方米，由于海景房位于船体内部，船体结构会占据其一部分空间，加上阳台房上层建筑可能的外挑（一般阳台都是出挑的，常规大小为 2.7 米 x1.8 米，也就是 5.1 平方米），虽然都是标准的舱室，面积最终会有差异。按照 Berlitz 2019 年的建议，可以接受的房间最小面积为 16.7 平方米【20】，而现实是有不少邮轮公司的内舱房面积小于这个数字。即便空间如此之小，邮轮上标准舱室的功能和配置也完全比得上陆地上的酒店。

① 船上的人体工程学应用尺度要比陆地上的建筑更为精巧，设计需要更为紧凑，充分利用船上空间，其结果就是空间三维尺寸的压缩。

舱房设计的要点

1. 理解邮轮的主要市场定位；
2. 确定舱房的主要尺寸；
3. 确定房型配比；
4. 设计标准舱室；
5. 设计套房和特殊房间（残疾人无障碍房等）；
6. 为标准舱室、套房和走廊提供家具、装置规划。

"海洋光谱"号内舱房
内舱房通过设置一台竖向放置的屏幕来同步直播邮轮外的环境给内舱房带来了外舱房的感受。

邮轮度假典型的方式是，乘客绝大部分时间都在船上的公共空间休闲娱乐或用餐，客舱仅用来睡觉，类似酒店客房的不少功能可以适当简化，同时通过更小尺度固定家具来解决空间狭小的问题，同时固定家具也避免了船只大幅摇摆时的晃动。通过分析舱室功能来决定家具设施配置的完整列表——睡眠、休闲、化妆、更衣——以及空间划分。典型舱房规划分成三个区域：浴室及更衣区、睡眠区域及休闲区域。标准舱室配备了带淋浴、洗脸盆和马桶的小型卫生间。较高等级的客舱和套房可能配有标准浴缸。标准舱室配备以下设备：平面液晶电视及信息娱乐系统（常规卫星频道或闭路电视）、两张独立的床（可能还有一个或两个折叠在顶棚里的上铺）或一张双人床、床头柜。不同客舱还会根据面积配备：椅子、桌子、沙发和茶几、电话、冰箱 / MINI 吧，用于个人设备的电源插座、梳妆台 / 书桌、保险柜、壁橱、抽屉以及用于储存行李箱的床下空间。同时所有家具须便于打理，以便快速地维护和保洁。

邮轮的客舱相对陆地上的酒店空间要小得多，同时船只的航行所带来的摇摆、振动及噪声又不可避免，这是邮轮体验设计的难点之一。舱房的功能相对固定，其体验提升大体只能通过提升感官享受来实现，这里面最重要的方式是触觉和照明的设计。由于其居住性质，标准舱房设计会与乘客亲密接触，如果设备的布局和户型的设计不合理，非常容易引起乘客的不满。如入户开关失灵，浴室镜子太小或没有足够的操作台，插座找不到或者位置不合理、床单触感单薄、枕头不匹配等。需要设计师从体验出发，与团队合作解决这些细节问题。随着智能手机的问世，客房的需求有了新变化。客人希望将自己的技术设备与邮轮系统进行连接。如，客人会携带视频内容，连接在电视上供商务或娱乐使用。他们的个人设施也越来越多地应用于控制客房的温度、电视及完成消费支付上。如今，邮轮已经能提供无线服务（收费），运用射频识别技术，采用一卡通的消费方式等，提升消费体验。

　　"爱极"号客房的设计，由于凯莉·赫本（Kelly Hoppen）控制，运用了她标志性的中性色调和材质，单品家具、灯具以及配饰材料的质感和搭配平衡感更佳，更采用了可折叠的家具及门窗创造可转换的空间。

　　跃层的别墅型套房设置是近期邮轮的一个趋势，为不同的乘客提供了选择。Celebrity "爱极"号露台空间成为重要的连接室外环境和内部空间的过渡，形成了整体套房的重要特色。

精致邮轮"爱极"号别墅型套房
©Celebrity Cruises

精致邮轮"爱极"号套房
©Celebrity Cruises

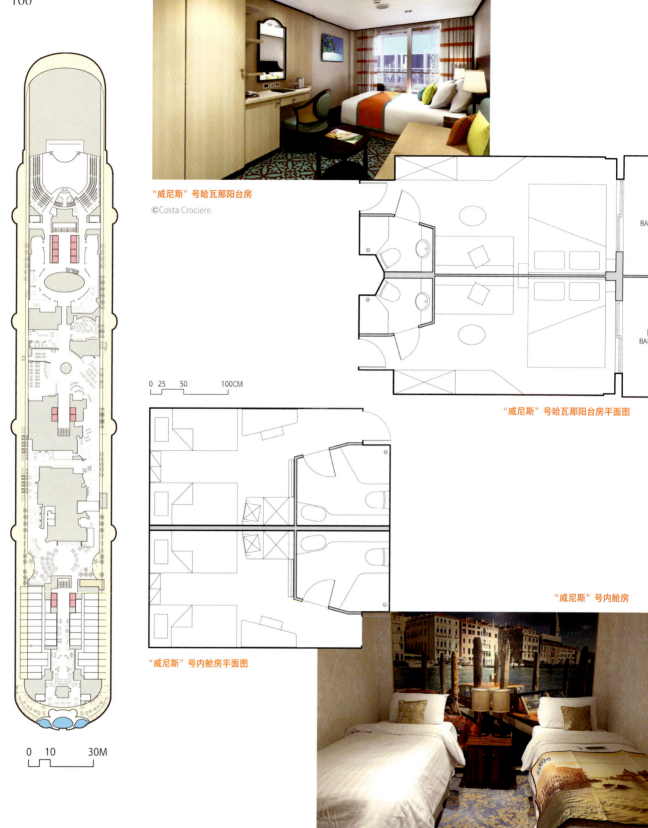

"威尼斯"号哈瓦那阳台房

©Costa Crociere

0 25 50 100CM

"威尼斯"号哈瓦那阳台房平面图

"威尼斯"号内舱房

"威尼斯"号内舱房平面图

0 10 30M

舱房浴室的设计和规划非常有挑战性。酒店的标准浴室为 1.5 米 x2.4 米，在邮轮上显然并不适用。邮轮上常用一体装配式卫浴空间，其平面尺寸大约为 1.2 米 x2 米的不规则形态，以适应周边结构及设备安装（见图）。其特点是标准化模块化制造，与所谓一体化卫生间非常接近。基本空间中必备马桶、洗手台、淋浴间三件套，以及必要的浴巾架、吹风机、纸巾架和台面，小巧紧凑，功能齐全，便于清洁。在高等级的客舱中，会增加浴缸、化妆台等设施，有些会把洗浴与卫生间隔开，形成干湿分离，比基本配置的空间面积要增大许多。

"世界梦"号套房设施
保险柜和冰箱及墙体整合的设计，充分利用空间。
双保险柜设置标示了"世界梦"号的特色

"世界梦"号套房卫生间

高区甲板规划
Deck Plan

邮轮上的高区甲板是指邮轮上层建筑之上的顶层甲板。这里有得天独厚的阳光、新鲜空气和视野，大量的邮轮娱乐功能都聚集在高区甲板上，使得这里成为邮轮上最受乘客欢迎的地点之一；另一方面，高区甲板还是众多导航通信设备，以及排烟排气的烟筒的安装位置，它的外形还决定了邮轮的轮廓，是传递邮轮整体形象信息的重要载体。这一区域的组织和规划既有挑战性，又是邮轮公司创新设计最为看中的部位。

高区甲板的规划和设计不仅是甲板的规划和设计，由于邮轮轮廓、不同功能的规划和区隔以及剖面和视线的关系等原因，还包含邮轮从顶层向下的几层舱室的总规划和布置。大型邮轮的高区甲板涉及的功能非常多，这些功能可能有：套房专属区域及配套服务区域、泳池及阳光浴区域、戏水乐园、室外运动健身区域、Spa 健身及特色游乐项目等。由于功能不同及相关用户差异大，如：戏水乐园主要是儿童使用，而 Spa 主要是成人，套房专属区域不对所有乘客开放，室外运动区域的噪声和振动不可避免等冲突，其布置需要利用好剖面的高度和分隔。好的高区甲板设计规划，空间既有区隔又内外融会贯通互为景观，结合人群、活动、美食，在阳光、空气及海面景观加持之下成为邮轮上最受欢迎的区域。游乐为主的邮轮有时需要规划一个良好的游客项目排队时间分配机制，以保证大部分乘客在几天的航程中完成尽可能多的项目体验。

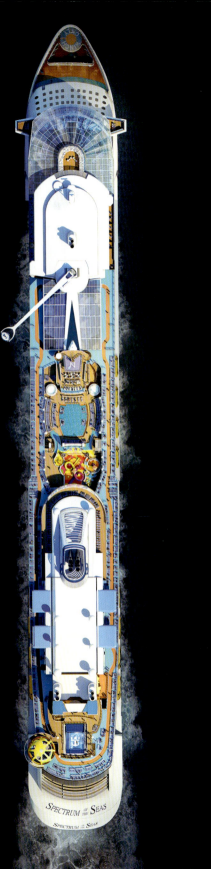

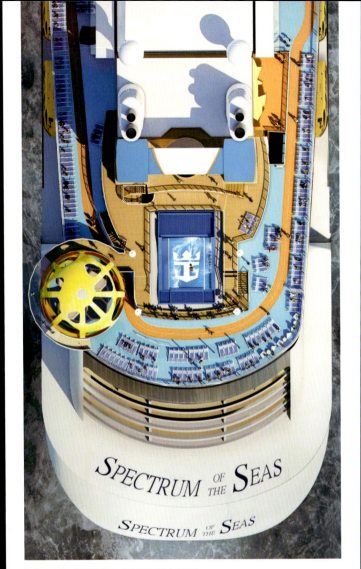

皇家加勒比"海洋光谱"号顶层甲板（上图）

©Royal Caribbean International

皇家加勒比"海洋光谱"号（左图）

©Royal Caribbean International

"海洋光谱"号是皇家加勒比 2018 年专门为中国市场订制的量子级的邮轮，船上的餐饮、娱乐包括住舱都比"海洋量子"号有较大的提升和更新。

皇家加勒比"海洋光谱"号冲浪项目
©Royal Caribbean International

皇家加勒比"海洋光谱"号运动场
©Royal Caribbean International

位于船尾左舷、直径为 11 米中空橙色
球体，名为南极球（Sky Pad），是皇
家加勒比中国公司为"海洋光谱"号
订制的娱乐项目。其灵感来源于自由
落体从北极出发，穿越地心最终抵达
南极，在地球引力作用下发生的物理
加速与减速过程。球外是悬空玻璃步
道，球内设有 4 个蹦极床，为游客模
拟穿越地心之旅，伴之以 VR 科技创
造的视觉历险体验。

　　高区甲板一般规划为运动场所和戏水乐园。这一部分的设计规划可以说是所有大型邮轮公司最看重的部分，这里提供的是游客体验中印象最为深刻、充满刺激性的那一部分，这些瞬间往往构成了游客的峰值体验。在邮轮的限定条件下，如何设计腾挪出精彩刺激的水上乐园是个挑战。迪士尼"梦想"号水上乐园的 AquaDuck 是一组跨越 250 米长的管子，它们在船的侧面蜿蜒上下并探出船体之外，提供令人难以置信的海景。到了晚上，五彩缤纷的灯光使 AquaDuck 变得更加壮观。

皇家加勒比 "海洋光谱" 号的 SeaPlex 体育馆

　　除了花样不断翻新的水上乐园，运动场、环甲板跑道都是必备的项目。由于其超大的尺度，皇家加勒比国际游轮公司的 "绿洲" 系列甚至在这个部位设计了两层通高的 SeaPlex 体育馆（长 49 米，宽 27 米，高 10 米），可用于打篮球、排球、网球、足球、乒乓球。这里每天都有比赛，晚上又可以变成溜冰场和迪斯科舞厅。邮轮公司开发的标志性项目往往也放置在这个区域。比如皇家加勒比国际游轮公司的冲浪项目和北极星，以及诺唯真和法拉利合作的卡丁车项目（go-karts），都各显神通订制安装在邮轮的顶层甲板之上。

赛车道
RACE TRACK

0   5   10M

诺唯真和法拉利合作的 Go-Karts 项目

©Sohu

诺唯真"喜悦"号是世界上第一艘以法拉利为主题赛道的邮轮。该工厂由 RiMO Supply（RiMO 德国集团）建造，并与 Scuderia Ferrari Watches 合作运营。这也是有史以来第一个法拉利品牌一级方程式赛车赛道。2 级轨道跨越两个甲板，可在 60 米的高度提供令人难以置信的海景。电动 go-karts（法拉利品牌）一次可容纳多达 10 名赛车手，时速可达 40 mph（65 kph）。

小 结
Summary

邮轮的空间完全是生产性质的，它的规划很大程度上首先是经营的规划。规划的核心是投入——产出的模式，然后才能以此为基础落实到为人（顾客）服务的规划上。所以邮轮上各部分空间的调整和改进，都是对邮轮运营、邮轮的系统工程逻辑以及品牌文化理念贯彻的综合判断和平衡。邮轮和其他设计工程项目的开发大同小异，船东往往也是运营商，通常在项目筹划的初期就参与其中。成功的邮轮需要各种经验丰富的专业人士通力合作，从航运、金融、设计到运营，为了完成邮轮总体规划，这些人需要良好地沟通合作。邮轮总体规划过程简单描述就是本章的线性模式，一步完成就进行下一项，以此类推。但是真正的过程很少是线性的，规划和设计会是一个复杂的循环过程，过程进行之中经常会出现问题，然后回到原点重新审视条件，再做出决定，如此多次的循环才可能得到一个较为均衡的方案。实际上即便是邮轮下水以后，也会一直有不确定的情况，市场反应极度欢迎或者并不合拍，都会导致邮轮的再次开发和改造。邮轮的"品牌文化"与运营之间如何创新结合也是重要的考虑方向，设计师更是必须超越上述流程，提出新概念设想并纳入品牌的理念及方式，将品牌文化创新真正落实到空间规划之上。

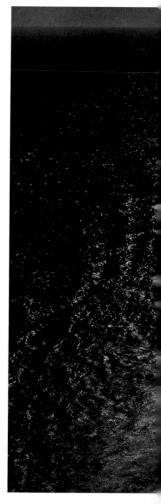

绿洲级邮轮船尾丰富的游乐设施和空间照明
©Royal Caribbean International

第三章

旅程｜场景

Journey Scenario

1970年1月泛美航空公司的第一架波音747首飞，给了跨洋航行的邮轮最后一击，乘坐邮轮穿越北大西洋的乘客从1962年的超过100万人次下降到了1970年的25万人次。1968年才成立的皇家加勒比国际游轮公司通过市场创新方式用邮轮从迈阿密运送乘客前往当时既没有航班，也没有什么旅馆的加勒比海小岛旅游，建立了新的产业模式。随后这个模式被拓展到北美去往阿拉斯加、加州去往墨西哥航线，随后到环地中海区域，赢得了新的市场持续增长，到2014年全球邮轮乘客已达到2,400万人次（CLIA，2016）①。

　　一百多年前，瑞士的经济学家熊彼得就对创新定义如下：创新是经济活动中，将生产手段、生产资料和劳动力通过异于往常的方法进行新组合的做法。他所谓的创新包括采用新的产品；采用新的生产方法；开辟新市场；原材料或半成品新的供应资源；实现新组织。【22】20世纪70年代邮轮产业通过市场创新获得了新生，使我们确信创新绝不限于产品（技术）的创新，方法（流程）、市场、材料、组织的创新都会带动整体的创新和发展。也正因为如此，对于邮轮的体验设计必须涉及到活动、流程的规划等经营和服务创新以及设计方法本身的创新等内容。

① 国际邮轮协会 CLIA (2016)
2016 Cruise Industry Outlook.
Cruise Lines International Association, Florida.

　　今天邮轮行业面对的主要问题多数属于系统问题，不容易一下子解决，像"泰坦尼克"号那样从性能定义开始，或者像"挪威之歌"号那样从盈利模型开始的总体设计方式是无法面对比如2020年初的疫情，以及全球气候变化、环境保护意识或者数字媒体时代的消费和消费者变化等综合系统性问题和要求的。这些问题往往跨越学科界限，相互制约缠绕且不断变化，而且直接的因果关系几乎不存在，尤其是在涉及更多的利益相关方的情况下，因而极具挑战性【23】。随着功能性因子对于邮轮设计来说变成了基础问题，关注全球化的邮轮市场所有利益相关者以及平衡和解决他们之间的冲突，从消费者（用户）出发自下而上地网络化地完成整个策划，以及更多以情境问题作为框架的设计方法去提供综合解决方案成为主流，其设计成果也势必形成多元的外在设计形态以适应不同的需求和理念定义。

Brand 品牌原型的开发
Prototype
Development

邮轮旅游严格控制和设定船上和目的地的消费环境，标准化趋势日益明显。

这样的设计应对了大众的需求，并提供相对安全可控、没有意外的旅游感受，

但如果设计规划不到位则可能成为一种缺乏吸引力的旅游选项。

为此，邮轮公司非常重视通过巡游体验创新，

设计令人回味和难忘的情境化的原型所带来的差异化。

这种差异化既来自邮轮本身的空间功能设计，又来自船上活动内容的创新，

更重要的是通过整合品牌文化创新形成特色，吸引乘客们的参与。

基于用户的情境化原型设计首先要考虑和回答的三个关键问题：

1. 谁是你的用户？（用户的亚文化[①]）

2. 基于用户的意识形态[②]的故事——"文化密码"是什么？

3. 核心的品牌文化资产是什么？

回答这些问题能够帮助形成巡游体验原型的定义的框架。

设计流程的双钻模型

产品策略阶段   **产品设计阶段**

探　索　▶　获　取　　定　义　▶　**GOAL**　▶　设　计　　交　付　▶　**交　付**
　　　　　　　　　　　　　　　　　　定　义

① 指在主文化或综合文化的背景下，属于某一区域或某个集体所特有的观念和生活方式。亚文化不仅包含着与主文化相通的价值与观念，也有属于自己的独特的价值与观念。

② 由法国哲学家特拉西首创，指一种观念的集合。也可以理解为对事物的理解、认知，它是一种对事物的感观思想，它是观念、观点、概念、思想、价值观等要素的总和。意识形态不是固有的，而是源于社会存在。人的意识形态受思维能力、环境、信息（教育、宣传）、价值取向等因素影响。不同的意识形态，对同一种事物的理解、认知也不同。

理查德·布兰森（Richard Branson）
©Virgin Voyages

文化密码

　　如果一个故事想要激发消费者的共鸣，它就必须由最引人入胜的文化内容来构成——借用"文化密码"来指称它。所有的大众文化表述，无论电影、零售店招贴还是包装图文设计，都依赖于其意义早已在文化中被历史性地确立下来的那些元素。通过临时拼凑是不可能构成一个文化表述的，因为如果没有历史惯例作为根基，文化表述中的每一个元素都必须以适合解释的方式为大众进行定义。而文化密码为相关的亚文化群提供了一个简略的排他的表达，让他们轻松理解和体验意欲表述的意思。【24】

　　邮轮的体验原型开发更倾向于利用品牌文化资产参与市场的再次塑造，以适应不同的用户和某种社会风尚。我们知道品牌设计不同于企业形象或企业的品牌设计，虽然设计方法也类似的企业形象设计的策略和概念，主要的差别在于，品牌设计的对象是实际的产品和消费性的，更多地面向消费者，也就是迎合或者寻找和品牌文化相契合的消费者，而不是生产和销售它们的生产企业【25】，其本质是生产性而不是传播性。理查德·布兰森（Richard Branson）的维珍集团，旗下众多下属业务涉及航空、地产、太空飞船、唱片等不同行业。维珍品牌总是试图传递一种生活态度：自由自在的生活方式、叛逆、开放、崇尚自由以及极度珍贵的浪漫。虽然其企业提供的服务及产品非常多，布兰森这个"嬉皮士资本家"个性鲜明，其集团形象与品牌形象及文化在一系列的产品和服务中均保持一致。Richard Branson又将自己的企业链条扩展到了邮轮产业，于2016年成立维珍邮轮，致力于打通航空、地产和唱片音像行业的边界，成为具有不可复制的全球旅游品牌。维珍品牌所代表的意义不能消失，任何维珍的新产品或服务，必须具有以下属性：最佳品质、有创意、较高的性价比、挑战现有选择、能增添一种趣味或顽皮感。实际上上述属性特别是前四项和其他品牌相比，并无太大区别。蕴含在维珍品牌中的特质，似乎就像可口可乐无法描述的配方一样，一定是那种无法解释，和布兰森独特的"嬉皮士"性格匹配的，绝对可以感受到的特殊的趣味感了。

"猩红女郎"号
The Scarlet Lady

下水年代 ｜ 2020
吨位 ｜ 110,000 GRT
载客人数 ｜ 2,700（最大）
长度 ｜ 277.2m
宽度 ｜ 38.0 m

维珍邮轮的第一艘邮轮将定名为"The Scarlet Lady"，是从旧时英国对女性贵族的称呼"your ladyship"衍生出来的文字游戏，体现了维珍集团的英式传承。维珍邮轮虽然采用了企业形象，但通过邮轮的原型开发和命名传承了维珍一贯的桀骜不驯的精神，准备将维珍集团其他业务的原有的用户进行转化。

"猩红女郎"号套房 （右图）
©Virgin Voyages
维珍邮轮的标志（左图）
©Virgin Voyages
维珍邮轮 "Valiant Lady" 号（下图）
©Virgin Voyages

维珍的品牌由来已久，其用户不是以往经典的邮轮用户，如家庭出游或者退休人士等。围绕着维珍品牌的用户是成熟的中青年人士，他们不仅是交通工具的乘坐者，而是越来越重视自我价值，在休闲活动、度假、运动、游戏、旅游、节目等方面的兴趣和投入也越来越多，对特殊经历、个性化订制及娱乐性有了更高的要求，希望通过独特的旅游体验构建，以满足对其身份和地位的认同。

维珍的邮轮文化密码，显然不会简单采用某种主义或者风格，它的客户群体更加个性化、年轻化。时尚、幽默、肆无忌惮，他们背后的时尚文化更加个性化、成人化。正如维珍邮轮首席执行官 Tom McAlpin 所说："我们希望避免传统的陈词滥调，体现一种反叛的奢华（Rebellious Luxe）。"从取消特色餐厅的收费，到禁止未满 18 岁的游客入内，维珍邮轮的做法意在拒绝一切传统，打破当前传统的邮轮市场体验，此即维珍的密码。维珍对时尚的追求始终贯穿其中，音乐元素也始终是一条线索，维珍"The Scarlet Lady"的每间套房都配有镀金黑胶唱片机，并附有一系列经典唱片。最大套房还设有一间配备了电吉他和扩音器的音乐室，绝妙的海上文身馆也正是年轻反叛时尚的突出代表。维珍的客人，无论他们是想整天睡觉，还是在黄昏时练习瑜伽，或是彻夜举办派对，都能在"猩红女郎"号上实现。

船上会上演六场原创戏剧，其中之一是来自屡获殊荣制作了互动浸没戏剧《无眠之夜》（Sleep no more）的兰迪·韦纳（Randy Weiner）。邮轮巡游行程途经迈阿密、哈瓦那、多米尼加共和国或墨西哥，途经停靠该公司在巴哈马群岛比米尼岛（Bimini）上新建的海滩俱乐部。

用户的意识形态是一种观念，它可以通过很多种方式被表达出来，设计如果能够成功地成为一种文化表述，使消费者愿意互动和体验，从而达成基于认知的体验。自消费社会以来，各大公司主要的竞争内容之一，就是在全球范围内展开对文化资源的经济化，而品牌是各大公司开展市场营销的最重要的文化表述工具【26】。品牌传达出创新的文化，成功地吸引消费者并创造价值，是文化品牌的基本战略。其成功的基础在于，找到社会约定，用明确的信息单元编码表达特殊意识形态的概念，品牌与文化建立强烈的关联并引起消费者的共鸣，标示出亚文化人群，成为这一人群意识形态的具体通行认知的承载物。可以看出通过意识形态改变和超越感官享受的体验设计正在成为一种趋势。

参与维珍邮轮旅游的人群更关注时尚、潮流、个性化，他们迷恋短暂的热潮，渴望不断更新和互动，维珍邮轮成功地表述出这些人的意识形态，并必须通过文化密码翻译之后再由邮轮的设计视觉语言传达出来，打造了专属的邮轮体验。意识形态通过其设计变得易于理解并产生共鸣，其设计元素以适合解释的方式为消费者进行定义，不仅传递用户需要的意识形态，同时也满足超感官诉求的文化美学内容。价值系统的碰撞，信息的泛滥，生活节奏的加快，使这个时代的人通过选择"消费"生活方式来简化对过于丰盛的商品、服务、教育、职业和娱乐的选择烦恼。生活方式是个人用特别的"亚文化群"来表明其身份的标签。每一种生活方式都是由商品的消费体系构成的，是一种反映意识形态的产品组合，或者说是一种"超级产品"，同时，生活方式本身已经成为一个时尚之物，人们可以用很短的时间接受和改变生活方式。

"猩红女郎"号邮轮设计是众多设计公司合作的结晶，虽然路径完全不同，但不能排除维珍希望继承"伊丽莎白女王 2"号邮轮在世界航运界地位的雄心。外观设计构思由伦敦屡获殊荣的 Magpie Studio 的设计师 Ben Christie 和 David Azurdia 完成，其创新之处在于，上层建筑和船体造型完整，不再区分船体和上层建筑，闪亮的银灰色船身、烟色玻璃，当然还有最具维珍特色的红色点缀，都参与营建维珍桀骜不驯的个性品牌特征和血液中的时尚基因。来自英国 Beaulieu 的超级游艇设计领袖 RWD 创作了标志性的红色维珍邮轮烟筒，邮轮艉舷装饰漂亮的美人鱼图案标识，体现了邮轮的精神。美人鱼图案的灵感来自古时候船头的装饰，由英国艺术家 Toby Tinsley 设计。意识形态与直白的销售口号式的主张不同，是通过带有审美意味的形态信息传递，使消费者能够识别并参与体验，再建立相关亚文化群的语境，最终成为符号系统。

Adult-by-Design 18+

No kids, no kidding. But your inner-child is highly encouraged to come along.

Another Rose

PRODUCED BY Randy Weiner. Doomed love, acrobatics, and a dinner party you'll never forget — it's an immersive theatrical spectacle that tells the tale of a life lived without inhibitions.

———

UNTITLED DANCEPARTYSHOWTHING

PRODUCED BY Sam Pinkleton & Ani Taj. This hype music-video-meets-club-scene is an absurdist dance party... with a dash of old-fashioned showbiz flair. Grab a drink and stay in the (un)moment of it all.

———

Duel Reality

PRODUCED BY THE 7 FINGERS. Our fast-paced retelling of Romeo and Juliet — with an elaborate circus twist. Watch as two groups grapple with the desire to rise above one another through graceful and death-defying acts.

———

Phantom Folktales

CREATED BY Pigpen Theatre Co. Our collection of song driven micro-plays and ethereal moments that happen throughout the ship that seemingly appear out of thin air... and then disappear... just as quickly as they came.

———

维珍邮轮官网上罗列的"猩红女郎"号上提供的特色服务
©Virgin Voyages
https://www.virginvoyages.com

"猩红女郎"号活动

"只有通过神话（故事）和文化密码来进行传递，意识形态才得以进入文化当中"【27】。有意义的故事活化了意识形态，协助其形成愿景，维珍邮轮的案例中品牌文化的密码最终要通过设计反映到服务、场景及活动中去，最关键的点是对文化视觉化和可体验化的解读。体验设计不同于传统设计逻辑及程序，是以文化密码体验为中心，规划整体的氛围和环境，再逆向构思为实现这种体验所需的服务、产品及技术，进而完成整体设计。这种思维方法上的变化能达到传统方法难以实现的效果。维珍邮轮正是通过所谓品牌资产"文化密码"和用户建立了关联，同时用户也通过消费及其负载的故事进行展示和传播。

与奥斯卡金像奖、格莱美奖和金球奖获奖艺人、制作人 Mark Ronson 合作是"文化密码"的具体解读之一。Ronson 将加入该公司创意集体团队 (Creative Collective)，为海上航程带来恢宏澎湃的"水手"体验。作为该公司的"音乐使节"，Ronson 将为宾客们创作一系列起航前及海上演出节目，并在"摇滚明星套房"(RockStar Suite) 和邮轮的唱片音乐店 Voyage Vinyl 策划精选黑胶唱片曲目。此外，Ronson 还将与 Virgin Voyages 的音乐团队合作，为该品牌打造海上航程和巴哈马比米尼"海滩俱乐部"的美妙旋律。当"Scarlet Lady"在比米尼岛停靠时，可以观看由 Ronson 制作的演出。

Mark Ronson has come out as sapiosexual!

©Virgin Voyages

「Scarlet 之夜」

「Scarlet 之夜」是"猩红女郎"号上其中一项极具特色的海上活动，由 *Sleep No More*、*Queen of the Night*、*The Donkey Show* 的制作人 Randy Weiner 构思、设计和制作。将浸没式戏剧的手法应用在邮轮上，针对舞台和剧场的限制，可以说是一个特别适合的策划。

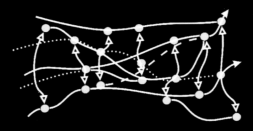

轨道切换 《故事的变身》玛丽 · 劳尔 · 瑞安

浸没式戏剧 Sleep No More 剧情基于莎士比亚的著作
《麦克白》，2011 年在纽约首演后，大获成功，反响一
直极其热烈，原本仅半年的排期一再被延长，至今仍在
纽约演出。其所在场地被称为麦基屈克酒店（McKittrick
Hotel），其实它并非真的酒店，而是由英国制作团队
Punchdrunk 设计的酒店式的剧场，整个剧情的十多条故
事线在一百多个为剧情量身定做的房间里同时上演（情节
发生）。观众可直接随意走进各个空间观看片段戏剧，是
一种从身心和时空上都浸入角色的观看体验，同时观众也
不再拥有上帝视角，而也只能看到一部分剧情。2016 年
Sleep No More 登陆上海，并以 20 世纪 30 年代的上海为
背景的麦金农酒店（Mckinnon Hotel）作为剧场。

基于 MOBA 游戏的电竞主题邮轮设计 – 张振勇

　　电子游戏构建的是一个精神世界，它抛离现实的世界，具有强烈的带入性。邮轮直接面向未知的大海，它具有探索未知世界的航海精神。这种精神成为游戏玩家抛离现实进入游戏世界最好的载体。邮轮的移动性、标识性和特殊符号有利于打造全球布局知名赛事电竞馆 IP。

　　研究内容主要从电子竞技游戏中 MOBA 类游戏入手，以其中 MOBA 游戏的核心规则作为重要规则起源，探讨虚拟世界与现实世界的联系，最后通过规则向现实空间的转化，进行一次深入的邮轮空间改造。

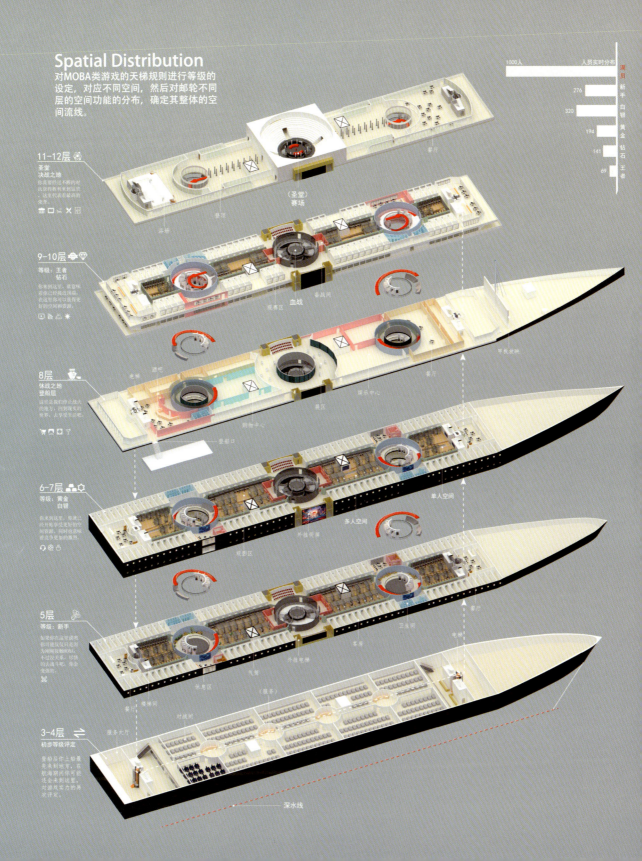

Spatial Distribution

对MOBA类游戏的天梯规则进行等级的设定，对应不同空间，然后对邮轮不同层的空间功能的分布，确定其整体的空间流线。

1000人　　　　人员实时分布

演员
新手　白银　黄金　钻石　王者

276
320
194
141
69

11-12层
圣堂
决战之地
你最要经过不断的对战才能够取得胜利并来到这里，这里代表着最高的荣誉。

〈圣堂〉赛场

爬梯　　　　暗落

9-10层
等级：王者
钻石
你来到这里，意味着你已经挑选过顶端，在这里你可以获得更好的空间和资源。

血战
观赛区　备战间

甲板放映

8层
休战之地
登船层
这里是我们停止战斗的地方，回到现实的世界，去享受生活吧。

购物中心　　　登船口
电梯　游吧　展区　　　娱乐中心　餐厅

6-7层
等级：黄金
白银
你来到这里，你满足，你将开始分享更好的空间和资源，同时也意味着彼此竞争更加的激烈。

单人空间
观影区　外挂荧屏　多人空间

5层
等级：新手
如果你在这里游荡你可能仅仅只是因为对你的规则，不过没关系，尽情让你去战斗吧，你会变强的！

休息区
餐厅　对线间　气泡　（服务）　外挂电梯　卫生间　餐厅　电梯

3-4层
初步等级评定
登船后你上船是最直观的地方，在航海期间你可能还会来到这里，对游戏实力的再次评定。

服务大厅

深水线

用户的定义
User Definition

用户群体识别工作的核心是通过用户基本的信息收集整理分析，

通过生活方式的调研找寻其背后的动因，通过意识形态整理其生活方式的系统。

用户的体验原型要更多地基于用户，就得从充足的信息收集开始。

1957 年，设计师大卫·查普曼写道：

"我确信，成功的产品设计并不是从加工过程、销售技巧、成本计算或者对竞争对手的分析开始的……生产行业必须回到问题的根本，研究人和他们的生活方式。"【28】

用户信息主要通过分类和消费心理研究来整理。用户分类可以通过调研的方式，以性别、年龄、收入、受教育程度等外部设定进行归类和挖掘。包括来自趋势性的、市场研究的，以及对潜在用户的需求和挑战的深入理解开始，基于上述的调研采用用户画像和角色扮演的方法创建。比较常用的调研方法都是社会学体系的方法，如用户观察、用户访谈、问卷调查、焦点小组、情感分析等，提取出用户画像的不同维度，生成有关的用户画像。数据应用的普及和发展，越来越多的消费者调查和信息获取和分析的方式，使得用户数据也相对更容易获得，可以让设计师更为准确地了解人们的需求，通过收集用户相关信息，建立对用户的行为方式、行为主旨、共通性、个性和不同点的基础了解等。如通过网络评论维度挖掘，通过子句分析、卡方检验扩充维度词典进行分类后，使用训练过的 AI 模型进行用户的情感分析。

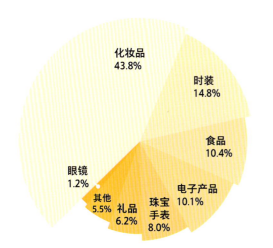

2019 年"海洋光谱"号的网络评价的词云图

"海洋光谱"号是皇家加勒比 2019 年 6 月在中国首航,为中国订制的量子级别的邮轮。与量子级前两艘船相比,餐饮娱乐住宿各空间分配比较均衡,但大大减少了酒吧面积,扩大免费餐厅面积,迎合中国人"不爱高档消费,喜欢一次到位"的消费习惯。高频词汇热点更多地聚焦在娱乐上,高科技娱乐设施北极星,备受青少年喜爱的碰碰车和攀岩等娱乐项目上榜,免费也是其令人满意的原因之一。

评论云图摘自清华大学美术学院 2019 中国邮轮用户画像研究

问卷调查案例
表格摘自 2018 年中国在线邮轮用户调查

2018 中国在线邮轮用户调查显示,在中国邮轮用户岸上消费行为分布中,化妆品的消费行为最高,占 43.8%;时装排名第二,占 14.8%;食品排名第三,占 10.4%。同时 2018 年中国邮轮在线用户中,仅有 21.6% 的用户有船上二次消费经历。我国邮轮业游客消费集中在岸上游消费,船上二次消费用户不多,原因是我国游客将邮轮作为交通工具而不是旅游目的地,在选择邮轮线路时,非常看重停靠的港口及数量,消费观念成熟度依然低于发达国家。

同程调研,2018 年不同邮轮消费群体出游时间情况分析,显示出不同人群的出游时段的区别
表格摘自同程中国邮轮调研 2018 年

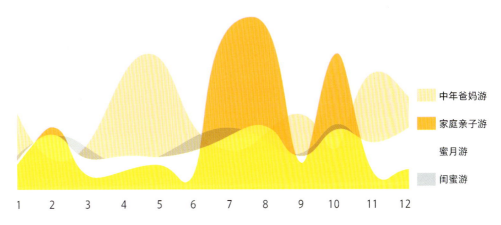

中年爸妈游
家庭亲子游
蜜月游
闺蜜游

焦点小组的主要流程【29】

1. 列出一组需要讨论的问题（即讨论指南），
包括抽象的话题和具体的提问。

2. 模拟一次焦点小组讨论，测试并改进步骤 1
中指定的讨论指南。

3. 从目标用户群中筛选并邀请参与者。

4. 进行焦点小组讨论。每次讨论 1.5—2 小时，
通常情况下需要过程录像以便于之后的记录
与分析。

5. 分析并汇报焦点小组所得到的发现，展示得
出的重要观点，并且呈现与每个具体话题相关
的信息。

焦点小组方法的局限性

1. 焦点小组不适用于参与者对面对的产品一无
所知或并不熟悉的状况。

2. 小组进程对结果可能产生重大影响，例如，
其中具备意见领袖特质的参与者可能迫使其
他人赞同他的观点。这也是需要优先选择有经
验的主持人的原因。

心理统计信息可以帮助了解用户所需、所求、先入为主的观念以及体验过程中的情绪反应，总体可以归纳为以下四类：需求、期待、成见、情绪。

需求是最容易被发现的，乘客登上邮轮需要的是一段浪漫舒心的海上假期，这向来是鲜明的。期待就并不那么显而易见，它是乘客更深层的目的，很多邮轮的用户要的不只是一个简单的旅行，他们还想要一份充满欢乐、永不褪色的家庭回忆。成见是顾客对企业形象或产品的既定想法。比如，大部分的中国乘客都会认为邮轮上的收费餐厅溢价过高。情绪是指用户在与企业接触的整个过程中的感觉，包含正面与负面的感受。比如，在邮轮的餐厅排长队会很不耐烦，体验甲板的冲浪设备会很惊喜。完善这套心理学统计，有助于了解用户对服务和体验的期待，以此为基础来指导下一步设计工作。

马斯洛需求层次理论

马斯洛理论把人的需求分成生理需求（Physiological needs）、安全需求（Safety needs）、爱和归属感（Love and belonging）、尊重（Esteem）和自我实现（Self-actualization）五层，由较低层次到较高层次排列。马斯洛的需求层次理论有两个基本出发点：一是人人都有需要，某层需要获得满足后，另一层需要才出现；二是在多种需要未获满足前，首先满足迫切需要，该需要满足后，后面的需要才显示出其激励作用。一般来说，某一层次的需要相对满足了，就会向高一层次发展，追求更高层次的需要就成为动力。一般而言，基本满足的需要就不再是激励力量。五种需要可以分为两级，其中生理上的需要、安全上的需要和感情上的需要都属于低一级的需要，这些需要通过外部条件就可以满足。尊重的需要和自我实现的需要通过人的内部因素才能满足，一个人对尊重和自我实现的需要是无止境的。按照马斯洛的高级需求学说，同一时期，一个人可能有几种需要，但每一时期总有一种需要占支配地位，对行为起决定作用。任何一种需要都不会因为更高层次需要的发展而消失，各层次的需要相互依赖和重叠，高层次的需要发展后，低层次的需要仍然存在，只是对行为影响的程度大大减小。

通过总结目标用户群的特点（包括他们的意识形态、需求以及其他观察所得的信息），可使用用户画像的方法得出一定的结论。在基础信息获取时，需要从意识形态入手整合用户信息，协助邮轮设计对潜在用户需求的激发，总结时也不能完全沉浸在用户调研的具体细节中，应把意识形态的总结归类放置在主要的位置。人物原型的创立能够协助设计师找到核心用户，并把关注点聚焦到某些特定的亚文化人群。当人物原型所代表的性格特征变得清晰时，可以将他们形象化及具体化（如视觉表现、起名字、文字描述等），生成任务角色。在邮轮原型设计或现实生成中，适配邮轮以体验和服务为原型测试，亦可使用人物角色[①]。人物角色是一个虚构的角色，用来代表一个用户类型，同时也是一种工具，它可以帮助设计师深入理解和体会用户价值观和需求，形象地了解目标用户行为特征的源头，快速且低成本地获取反馈，持续地评估和指导后续的设计。

中国的邮轮乘客一直是以沿海城市"60—80后"的中产阶级为主体，他们接受新鲜事物更快，以家庭出游为主要特征。而Z世代也即2000年后出生的人群，正是他们的下一代。Z世代是邮轮家庭出游成员的一部分，因此也是未来中国邮轮市场的重要乘客组成部分。未来一两年内，全球Z世代将占到所有在线消费者的40%，占全球总量的32%，拥有440亿美元的消费能力。和上一代人一样，这个年龄段的人更喜欢体验而不仅是物质享受，他们的旅行欲望更强烈。如果给Z世代行为画像的话，可以简单归纳其消费偏好可全方位线上了解及购买的体验，关注个人隐私、喜爱订制化服务、更愿意为喜好买单。Z世代正在改变千禧一代、婴儿潮一代和X世代开创的社交媒体格局，与之前几代人群有较大的差异，他们从偏好现实体验、信任权威，逐渐转向主动在网络渠道收集多方信息、相信自我判断。他们是真正意义上的互联网一代，他们的社交、学习、玩乐、消费、欣赏，全部在线上进行，花在网上的时间比其他任何一代都多——每天大约10.5小时，互联网对于他们已经不单纯是一种工具，而已经成为一种心理需求，"我们对互联网的深度心理需求可以说改变了我们的物理、心理、情感行动和行为。"【30】网络带给他们更为广阔的世界，同时他们的视觉也显然符合网络的信息和价值观，并为之塑造。人们在公共和私人领域的基本行为，所谓约定俗成的行为规则正在被基于互联网的各种技术重新打造，并开始高度精细化、个性化地进化。

① 人物角色适合产品早期的虚拟用户人群定义和研究。在不确定用户是什么样的具体需求和行为基础上，通过定性为主的研究方法描绘出用户的产品需求、使用场景、痛点等。用户画像适合产品中后期的实体用户人群数据划分和聚类分析，是用户数据的变量集合。

Z 世代消费的模型：
线上和线下结合的消费方式已成为新一代消费者的消费模式

	线　上	线　下
发现	前三大零售电商 比价评价网站 微信	货架展示 店内销售和服务 口碑 传统媒体
研究	微信 其他类购物网络 前三大零售电商 比价评价网站	产品展示和使用 店内销售和服务 口碑
购买	淘宝、天猫 京东 其他线上网站	超市 购物中心 农贸市场 其他线下
支付	线上购物数字支付	信用卡、现金 线下购物数字支付

整理自 BCG 全渠道调查分析；BCG 中国消费者洞察智库；
Forrester；中国互联网信息中心；BCG 项目经验；BCG 分析；
*15-64 岁

这个时代的乘客既通过他们的眼睛看"真实世界"，更多的也通过相机及照片、影视、广告及数字媒体来看世界，同时被这些再现的影像影响和塑造，相当于带着各种"文化镜片"【31】去看待周边的环境和事物。用户看到的不再是纯粹的对外界的印象，它是受到社会文化控制影响的取景、聚焦和视觉认知思维的复合体。同时他们融入这些影像，按照这些影像来塑造自我并传播，形成小的亚文化群体，这是现代邮轮旅游需要关注的一个重要环节。由于媒体文化的无所不在和推波助澜，乘客无法摆脱媒体的介入和影响，乘客凝视中会不自觉地嵌入媒体所讲述的文本和影像叙事情节之中。

通过调研的过程，不仅获取用户信息，更是建立用户的同理心的过程。同理心是一种觉察他人情绪情感并做出适当反应的能力，同时也是自下而上切身地理解用户的手段。从内而外地看待环境，消费以及各种问题，能使我们识别他人的感受，感受到他人的感受的同时做出反应。最强烈的形式是在心理与生理上成为用户，和他们一起承受压力和问题，用真正的热情和身心去体验，才能更好地内化建立同理心。要建立用户和邮轮之间的联系时，一是要从意识形态的视野来理解用户，另一方面也需要用相关意识形态的神话来建立联系，引人入胜的故事胜过对功能和质量的描述。

旅程规划
Ltinerary

　　旅程规划可以理解为地点和时间的串联，但在这里更强调的是体验的组合。通过对邮轮内部各要素进行相应安排，对时间、空间进行管理，安排客人一天的生活节奏，邮轮可以成为一个完美的舞台，让乘客的感官投入一连串与日常的平淡生活形成强烈对比的体验中。

　　与一般旅游业不同的是，邮轮行业出售的是整体行程，而不是单个的目的地，邮轮是移动的度假酒店和游乐场，结合停靠城市转换场景，这强调了行程设计和港口选择的重要性，乘客主动参与及浸没式的体验规划对于旅行成功与否至关重要。

　　邮轮的停靠港口分为几种，其中，作为邮轮出发和结束的港口城市——邮轮母港，往往旅游产品多样且具有吸引力，目前，世界上作为目的地港口的城市包括迈阿密、巴塞罗那、纽约、温哥华、悉尼、新加坡、香港等；同时，通往主要旅游目的地的门户邮轮港口也算母港，如罗马的奇维塔韦基亚、上海的宝山邮轮港；此外，除上述主要的目的地港口，还有可以游览各景点和周边地区的邮轮途经停靠港。

　　迈阿密是美国南部最大的贸易中心，是仅次于纽约的全美国际金融中心。迈阿密港口邮轮接待量世界第一，港口在 2018 年接待了超过 559 万邮轮旅客。接待邮轮母港船只 55 艘，邮轮靠港 1,220 航次，乘客在迈阿密的消费超过 222 亿美元。

MSC 邮轮公司的迈阿密邮轮母港建筑新方案（左图）
©Royal Caribbean International
迈阿密邮轮码头地图（下图）

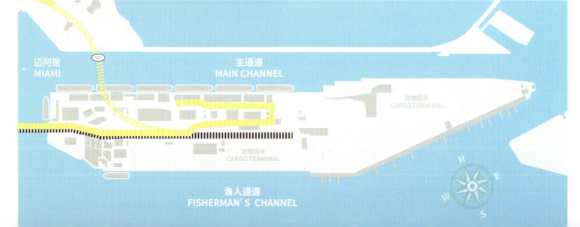

行程规划
Ltinerary Plan

邮轮和酒店最大的不同，首先在于邮轮是移动的酒店，同时邮轮会根据运营情况在全球动态布局，夏天在北半球，北半球的冬天可能布局到南半球运行。虽然是动态布局，但由于行程的复杂性，邮轮公司常规都是提前一年甚至两年已经将邮轮的行程确定下来，作为旅游产品进行预售了。以从美国迈阿密出发的邮轮的旅程为例，最短有到百慕大的 2 天行程，最长有环绕南美洲的 48 天行程；目前全球只有冠达还保留了每年例行的 80 天左右的环球行程。世界上邮轮主要行程安排主要是以 7 天到 14 天的为主，中国市场以 4—7 天的去往韩国、日本、越南等周边国家更短的行程为主。

结合停靠城市转换场景，这强调了邮轮行程设计中港口选择的重要性，尽可能地整合目的地的陆游项目，乘客主动参与及浸没式的体验规划对于旅行成功与否至关重要。世界上主要邮轮公司也都在考虑开发各具特色的私属旅游地点及停靠码头以便使整个行程成为闭环。除了上述，维珍集团、迪士尼、皇家加勒比也都有以私人岛屿作为停靠港口的行程，致力于带给乘客相对完整可控的独一无二的邮轮假日体验。

嘉年华邮轮公司每年都会提供 1,600 多个航次的游轮，停靠超过 7,500 个（次）港口。行程计划是一项面临许多挑战的复杂工作，超出客户期望并最大限度地提高整体盈利能力是指导我们进行行程规划部署、决策的最终目标。通过持续监控 25 艘船的财务状况，以及乘客对行程组合的反应来寻求最佳平衡，这两个关键因素之间的平衡是嘉年华运营的最大挑战。

——嘉年华邮轮船队部署经理
Ugo Savino[32]

巴哈马群岛的 Cococay
©RCCL
皇家加勒比新开发位于巴哈马群岛的 Cococay 作为度假乐园的私属小岛，创造了船岛旅程的新模型。

客户旅程
Customer Journey

邮轮运营商只能提供邮轮体验的环境及设施，并通过活动安排来带动乘客的参与，乘客体验只能源自乘客自身与空间、设施或邮轮组织活动等一系列交互作用引起的反应。在空间中运行的体验设计，需要事先达成一个预设的共同愿景作为目标和原点，所有的要素才会有组织的依据，设定的体验才有可能实现。旅程规划是乘客行程整体体验最重要的宏观框架，它涵盖邮轮行走的线路规划、具体时间表以及邮轮本身空间内的活动及流程的规划。

邮轮是一个独立封闭、自我循环的人造系统，游弋于港口之间，周边只有海洋，从不归属于任何地点。邮轮以海洋为背景，是个相对封闭内在的世界，把邮轮本身理解为一个整体场景也许是最重要的。游客、工作人员，看与被看，邮轮上所有内容皆是舞台表演，是一个类似美国电影《楚门》的"大型全人工环境泡泡"或者所谓"飞地空间"【33】。邮轮旅游需要以统一的标准去应对不同的地点、季节、气候，不同的海况。邮轮的旅程设计需要用动态的活动内容的补充和调整以适应航线的变化，同时也意味着邮轮旅程规划更多地聚焦在邮轮本身。

邮轮的旅游体验流程

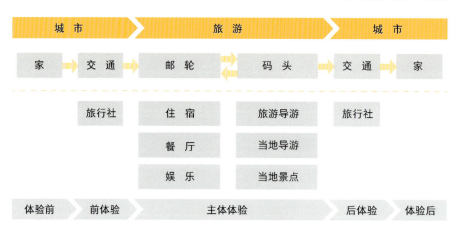

了解乘客对船上及陆地上的体验有何期望很重要，同时，收集乘客邮轮体验的满意度反馈，将有助于持续改进设计。

邮轮公司非常重视创新设计所带来的差异化，以便创造令人回味和难忘的体验。这种差异化既来自邮轮本身的空间功能设计，又有船上活动内容的创新。精心策划各类娱乐设施和餐饮服务、乘客或人员的互动活动以及停靠港的行程安排都是提供体验的手段。邮轮运营商、设计师及各类的品牌合作提供最新创意的游乐设施和创新邮轮的布局，以及基于文化创新的概念——"一种有文脉的人造环境"来提供服务，同时广泛地利用更广阔的海洋自然环境及到访地的资源。

2020 年清华大学游艇及水上环境研究所："邮轮上的中餐创新工作坊"
作者：李倩 周权 张原宁 孙丽媛
邮轮上的中餐外卖的体验地图 - 结合目前的外卖流程通过外卖推广中餐上邮轮，给予游客快速、舒适的中餐就餐体验。

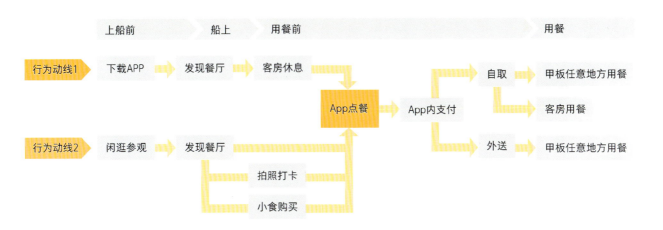

"客户旅程"是服务设计与体验设计的重要有效工具，它立足乘客信息并以乘客为出发点，是对乘客全流程体验中的各类触点及效用进行反馈的一种设计方法。邮轮初始共同的愿景是一种需要验证的假说，通过调研工具、同理心等体会消费者在认知、购买、使用、分享信息这一连串行为中的"理想化行动"和"当时的心情"，可以尝试记录竞争对手的产品和服务，也可以用相同的手段进行提炼，在不同的时间跨度上进行思考，简而言之，这是一场化身乘客的体验之旅。通过重复这个过程，会改善设计愿景的针对性及准确性，使设计更加理性，避免设计出与乘客体验格格不入的孤立接触点。"客户旅程"能帮助设计师以乘客的角度和流程检视工作流程的效用，解读乘客在使用某产品或服务的某阶段中的体验感受，它涵盖了各阶段中乘客的情感、目的、交互、障碍等内容。流程和客户旅程的交点就是服务设计的触点，体验是由这些触点共同形成的。

体验设计究竟是怎样的，不仅指乘客花钱买到的核心价值，也是邮轮产品在竞争中所持有的优势。体验可以是愉快的，但是愉悦是从主观观点来获取的，行为、美学、材料、人体工学和工艺技能虽然重要，也只是构成体验的有形元素。乘客是否得到了足够的期待价值，是否愿意持续支付购买体验产品，取决于是否以乘客体验为中心的设计愿景以及是否掌握正确有效的体验设计工具。不要过分专注于"乘客需要用什么"，而应该多注重"乘客想要用什么"【34】。

服务流程是指服务提供方内部的一系列的行为、动作或职能的串联，目标是好的乘客体验，是客户旅程的一个产出结果。它集合了人力和物力资源，被设计成不同的流程和效果。在大多数行业中，服务都是基于标准流程的，邮轮也不例外。优质的服务是需要传递和提供的，同时需要时间的循环来验证，并通过后续流程不断优化。乘客调研中比较常见的问题，如：等候的时间太长了，谁都不知道答案，信息量太大，左右为难等等，其中绝大多数不会涉及空间、造型、材料等问题，但往往被设计师所忽视。

客户旅程的工作流程

1. 选择目标客户的类型并说明选择的理由。尽可能详细并准确地描述该客户，并备注如何得到这些信息。
2. 在横轴上标注客户使用该产品的所有过程。切记要从客户的角度来标记这些活动，而不是从产品的功能或触点的角度。
3. 在纵轴上罗列出各种问题：客户的目标是什么？客户的背景是什么？从客户的角度来看，哪些功能不错，哪些不佳？在使用产品或服务的整个过程中，客户的情绪是如何变化的？
4. 添加对该项目有用的任何问题。例如：客户会接触到哪些产品"接触点"？客户会和哪些人打交道？客户会用到哪些相关设备？
5. 最好运用跨界整合知识来回答每个阶段所面临的具体问题。

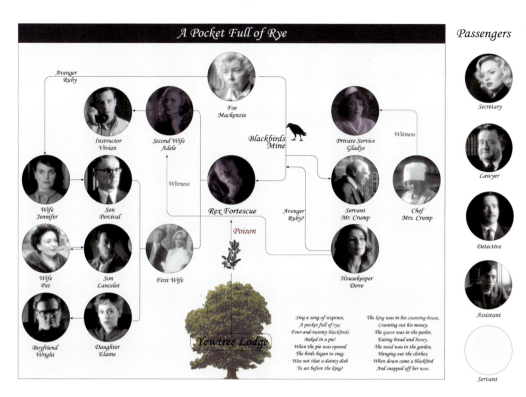

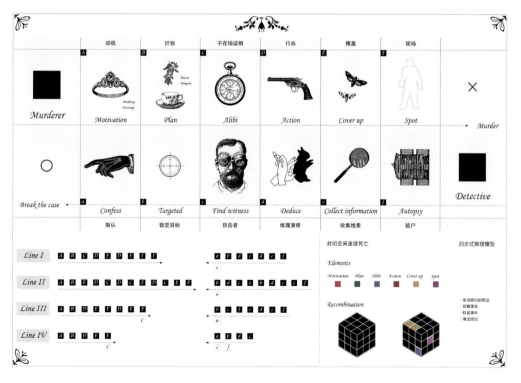

人物关系（上图）
破案线索（左图）

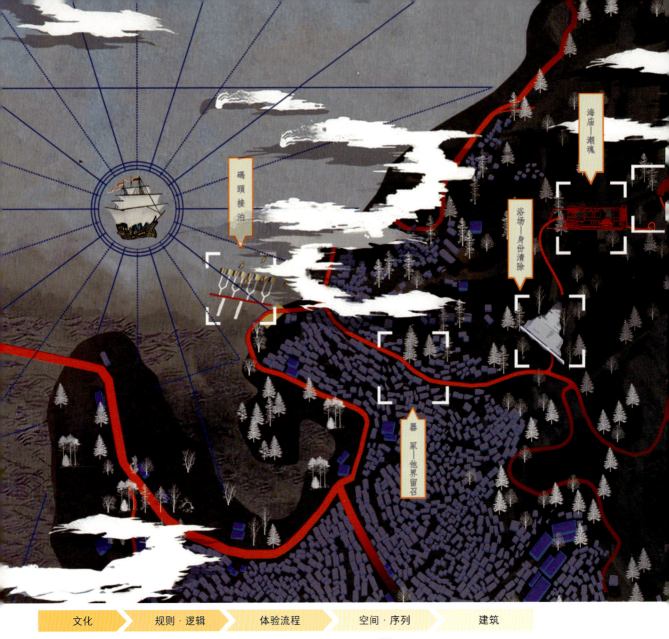

海庙—潮魂

浴场—身份清除

碼頭接泊

器冢—他界留召

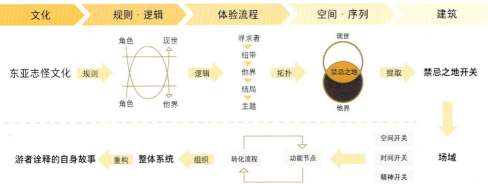

文化	规则·逻辑	体验流程	空间·序列	建筑

东亚志怪文化 —规则→ [角色 现世 / 角色 他界] —逻辑→ [寻求者 ▼ 纽带 ▼ 他界 ▼ 结局 ▼ 主题] —拓扑→ [现世 / 禁忌之地 / 他界] —提取→ 禁忌之地开关

场域

空间开关
时间开关
精神开关

游者诠释的自身故事 ←重构— 整体系统 ←组织— 转化流程 ← 功能节点 ←

帆场—自制羽衣

食廊—代谢置换

荒村—万象他界

海上舞台—最后狂欢

线形叙事架构图示

基于亚洲志怪文化的海岛旅程规划

高斯宇

基于文旅体验的思考与亚洲志怪文化的特质分析，将亚洲志怪文化中的禁忌之地列为主要体验结构。在此基础上，总结出了禁忌之地的特殊事件与这些事件中的特殊规则，提炼标志性故事的主要元素作为设计语言与整体氛围的参考。禁忌之地的偷渡体验是一场"身份"清除、"气息"覆盖、"代谢"置换、"羽衣"加工、"身份"转变的特殊之行，它是异端"外来者"对他界的一次隐秘探索。在禁忌之地中，结合原场地特殊地形，将置入新的、不易察觉却又微露端倪的体验节点。

From Context to Experience

从场景到体验

体验经济是从生活与情境出发，塑造感官体验及思维认同，以此抓住顾客的注意力，改变消费行为，并为商品找到新的生存价值与空间。体验经济是以服务作为舞台，以物质商品作为道具，以体验为主要商品形态，来使顾客融入其中的社会演进阶段。由于服务经济也在逐步模式化，人们的个性化消费欲望难以得到彻底的满足，人们开始把注意力和金钱的支出方向转移到能够为其提供精神和心理价值的体验经济。

现在这个时代消费的趋势已经从购买东西转向购买感受，商品由于工业、商业及流通的发展进程而变得越来越廉价，更多的价值汇集到了体验经济之中，能否营建出让人难以忘怀的峰值体验变成了体验设计的主要目标。体验环境由提供方营建和运维，而体验只能产生在体验环境活动用户的头脑之中。体验的设计显然不同于产品及服务的设计。

邮轮到"游轮"的发展变化正见证了派恩和吉尔摩的经济形态发展的理论。冠达邮轮早在 19 世纪 50 年代就提出"到达目的地仅是乐趣的一半"，这恰好说明旅行中的体验相较于到达目的地正在逐渐占据着更为重要的部分。到 19 世纪 60 年代末，嘉年华邮轮提出"Fun Ship"（快乐邮轮）概念，随着喷气式飞机占据了跨洋交通主体，邮轮就正式变成了"游轮"，"游轮"完全超越了旅行的目的地，转变成了更为重要的提供娱乐休闲的旅行目的地，经过近 70 年的发展，成为了创造体验并实践体验的佼佼者。当我们购买邮轮船票时，我们并非是要去往什么地方，我们买的是一套无形多样的体验活动，邮轮提供的娱乐餐饮体验产品五花八门，从音乐剧、电影到各类餐饮、水上乐园、健身 SPA 以及各类的游戏及即时发生的娱乐节目，应有尽有。我们购买

的是体验，留下的是回忆，制造体验从来都是邮轮产业的核心业务。派恩和吉尔默对体验的转瞬即逝属性进行了如下描述："虽然表演者的演出已经曲终人散，体验的价值却将在每一个参与者的记忆中挥之不去。"

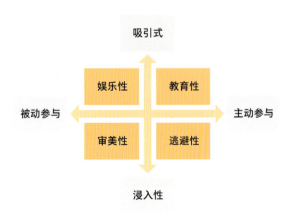

通过看（See）、听（Hear）、用（Use）、参与（Participate）的手段，充分刺激和调动消费者的感官（Sense）、情感（Feel）、思考（Think）、行动（Act）、联想（Relate）等感性因素的体验范围。

我们见证了只注重产品生产效率的"产品经济"的消亡，通过服务附加产品来吸引消费者的"服务经济"也已经过去，如今我们正身处于所谓"体验经济"的新竞争时代，人们开始把注意力和金钱的支出方向转移到能够提供精神和心理价值的经济形态【35】。这是哈佛商学院出版的《体验经济》一书中，约瑟夫·B. 派恩二世（Joseph B. Pine II）和詹姆斯·吉尔默（James Gilmore）所指出的。产品和服务在这个新时代里不过是吸引消费者的道具而已，消费者想要的是难忘的体验，每个公司都必须成为创造体验的行家。人的需求的必要和需要是随着境遇的发展而变化的，在情况允许的情况下，必要和需要是可以相互转换的。如上图所示，邮轮乘客今天的需求在必要被满足后，正如马斯洛所谓的"不再显示激励作用"，需要变得重要了，这其中独特的体验尤其重要。

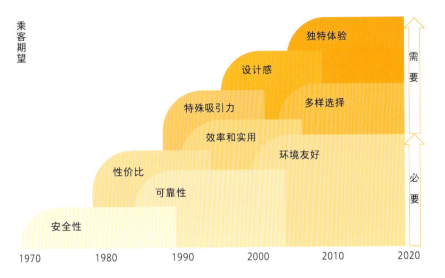

不同经济阶段的外在特征

经济产出	初级产品	产品	服务	体验
经济形态	农业经济	工业经济	服务经济	体验经济
经济职能	提取	制造	交付	营造
经济产出的性质	可互换	有形	无形	可回忆
主要属性	自然性	标准化	定制化	个性化
供应方式	散装储存	生产后库存	按需交付	周期性展示
卖方	交易商	制造商	提供商	营造商
买方	市场	用户	客户	宾客
需求要素	特征	特性	利益	感受
设计要素	潜在特征挖掘	潜在特性释放	超预期的利益	超预期的感受

表格摘自《体验经济》一书

迪士尼化和主题设计
Disneyization and Theme Park

体验经济的标志是传奇人物沃尔特·迪士尼在1955年建成的加州迪士尼乐园——一个活生生的、身临其境式的动画世界。乐园的设想说起来也非常的简单直接，是一个可以让人们找到快乐和知识的地方，在这里老年人可以回忆甜蜜的往昔，年轻人可以体验挑战未来的感受。必须符合"一个可以让人们找到快乐和知识的地方"，"我的生意就是要让人们，尤其是孩子们，开开心心！"【36】沃尔特·迪士尼在半个世纪前如是说。沃尔特这句话表面简单，却直指迪士尼企业服务理念的核心。迪士尼大学的第一堂入职培训课就叫作"共同愿景"，教授演职人员如何创造快乐，为全世界所有年龄段的人呈现最好的娱乐体验。人们先是被倾力打造出来的无比真实的乐园所吸引，游玩之后又被全方位包围的真实的体验感紧紧捆绑，甚至产生反复前来的意愿。

欢乐的体验感，就是迪士尼帝国所贩卖的核心产品。迪士尼世界是全球第一个主题公园，如今沃尔特·迪士尼公司很好地继承了这位创始人的遗志，决心利用其开发体验的专长把更多的"梦幻"变成现实。它不仅为来宾提供各种娱乐活动，还让他们有机会亲自参与园内举办的主题游戏。对每一位来宾，游乐园内的演员都会献上一场综合了光影、声音、味道、气息和故事情节的完整产品，为他们留下与众不同的独特体验。如今，他们开发的消费体验包括迪士尼频道的节目、迪士尼网站的"角色世界"、百老汇的迪士尼演出，甚至还有迪士尼邮轮和加勒比海岛游项目。曾几何时，迪士尼是唯一的主题公园经营者，但今天，无论是经营传统产品还是制造体验消费，几乎每个行业都出现了它的竞争对手。

迪士尼的代客"情绪加工"

游客在迪士尼购买的是一种"情绪加工"服务，迪士尼工作模式像一场超现实的实景演出，全面按电影主题制作，通过布景的展示、空间运行程序的组织、演职人员服装、身体动作、视觉展示，结合对游客五感的调动，带游客进入梦幻中。

迪士尼产业的成功仰仗四个主要因素，包括：
1. 凭借迪士尼长期积累的强大的影视IP①；
2. 基于IP开发出的全套景观环境，包括娱乐、食物、产品等；
3. 标准化、全方位的服务设计；
4. 浸入式场景表演。

① IP，即"知识财产"（Intellectual Property），是文化积累到一定量级后所输出的精华，具备完整的世界观、价值观，有属于自己的生命力。

"迪士尼魔力"号邮轮的线路始于卡纳维拉尔港，连接了位于奥兰多的迪士尼乐园群，途经了 Castaway Cay。Disney's Castaway Cay（迪士尼漂流岛）是迪士尼公司完全拥有的，位于巴哈马群岛（Bahamas）的一个小岛。

代客"情绪加工"是迪士尼公司的主要产品，虽然说起来有四条要素，但都围绕着体验经济的"表演"核心，主题是为了代入，IP 是演员，场景是布景，甚至服务也是"演出"，花车巡游、烟火晚会更是表演。所有的流程都有设定的技巧培训，还须按写好的剧本进行演练，同时也鼓励即兴发挥，为客人创造优良的体验服务。其邮轮产品是在这个方向上的延伸、拓展和叠加。在其动画电影及主题公园的经营基础上，加入海滨及私属加勒比海海岛等海洋旅游内容，迪士尼除自身拥有的加勒比海区域的 Castaway 小岛外，2019 年下半年又公布了巴哈马第二个私人岛屿目的地计划，目标是完成和迪士尼乐园一样的封闭和自我循环的世界。迪士尼基于强大 IP 的全景式的体验生态系统，当然是不可能被简单复制的。

迪士尼邮轮运营始于 1998 年，是沃尔特·迪士尼（Walt Disney）在迪士尼乐园（Disney Land）、迪士尼世界（Disney World）外，开拓的另一项体验项目。1998 年和 2012 年分别下水了"迪士尼魔力"号（Diseny Magic）、"迪士尼梦想"号（Disney Dream）和"迪士尼奇观"号（Disney Wonder）、"迪士尼幻想"号（Disney Fantasy）4 艘不同的游轮，目前新的 3 艘邮轮也在计划之中。

"迪士尼梦想"号大厅里的晶体吊灯（上图）
©DREAM A LITTLE DREAM
"迪士尼梦想"号涂装（下图）
©DREAM A LITTLE DREAM

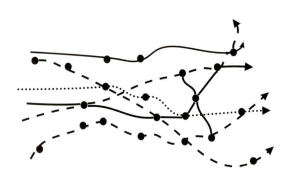

相互交织的叙事
引自《故事的变身》玛丽 - 劳尔·瑞安

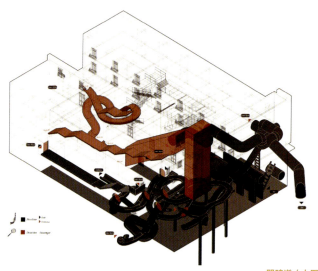

明暗道（上图）
故事线（下图）

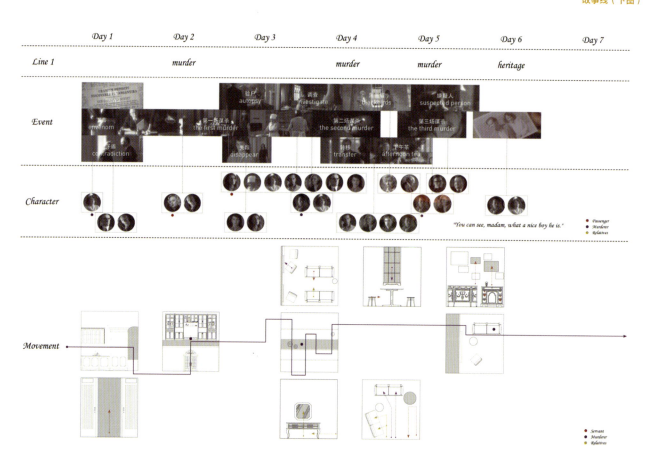

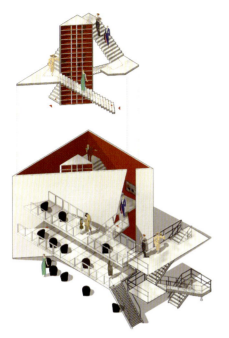

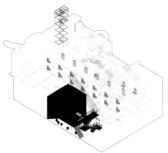

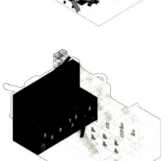

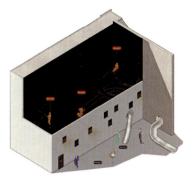

侦探推理邮轮旅程场景设计
柳玥霖

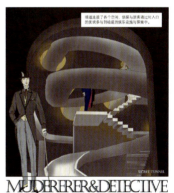

体验的场景营造
The Setting of the Experience Context

　　世界上大概没有哪个国家像美国这般热衷于主题营造，早在 20 世纪 80 年代中叶，全美的主题公园景点就多达 700 个。这其中，迪士尼公司无疑是行业翘楚。迪士尼贩卖的是一种梦幻文化、童话文化，让人们暂时离开不完美的现实世界，用娱乐来满足人们的心理需求。迪士尼旗下的产业，从影视产业到乐园，延伸至衍生产品、度假产业和迪士尼邮轮，形成了完整的产业链条。以主题化、混合消费、商品化和表演性劳动为代表的"迪士尼化"几乎成为一种世界级现象，辐射到建筑设计、商业环境以及社会活动中，娱乐化的邮轮设计更是都带有"迪士尼化"的特征。

　　邮轮转变成"游轮"，成为集酒店、主题公园及购物中心为一体的游客旅游目的地之后，其表象不同于以往时代的单一统一的风格，而表现出多样的风格及更大的兼容性，可以理解为各种拼贴复制式的主题酒店和迪士尼乐园在邮轮上的复制。其美学风格，特别是大型邮轮，无论内部空间形态、饮食还是娱乐项目，主要视觉特征就是通过主题进行形式的"堆积""拼贴""复制"，而凸显"丰盛"和"富裕"。通过某个设定的主题进行设计，在邮轮上是常见的设计方式，根据源于市场和销售的需求来设定主题，是控制全套设计语言的总纲要。

　　主题化往往是在空间内对某种风格或者多种风格的再组织和风格化。通过引进游客有所了解的著名符号场景来刺激感官，同时把视觉元素简约归纳出少量特色，用某特定场所或虚拟故事里的风格或折中的历史风格将空间填满，再加以放大、强化，成为游客视觉的主导和总控制，同时尽量压制其他不和谐的因素，由于建造材料和工艺早已完全不同，所以更多的是一种戏剧化和场景化，这可以称为对形式元素的一种"迪士尼化"。

主题寻找

　　寻找一个合适的主题是体验设计的中心环节，关键在于必须确定哪些是能够经得起证明的、富有吸引力的主题。在开发这样的主题时有几个原则，营销学教授伯恩德·施密特（Bernd Schmitt）和亚历克斯·西蒙森（Alex Simonson）在其指导性著作《营销美学》（*Marketing Aesthetics*）中提出九种主题的"领域"，它们是：①历史，②宗教，③时尚，④政治，⑤心理，⑥哲学，⑦现实世界，⑧流行文化，⑨艺术。【37】

　　主题营造就是要把完全意想不到的内容引进来，结合各种感官的刺激，调动和激发游客心中的想象。设计的目的之一就是赋予功能化的工业产品以"美学"内容，通过主题形式或游戏统一成一种"环境"或"氛围"。"文化设计师"的主要工作就是用"文化"对个体产品进行"重新设计"，把它们装到各类形式外壳里，用文化将产品提升为符号，以便人们能够投入到"氛围"中去【38】。有时候，主题空间也并置相互矛盾的内容，在系列的混搭之中形成强烈的娱乐效果。

"威尼斯"号
Costa Venezia

下水年代 | 2019
吨位 | 135,225 GRT
载客人数 | 5,260
长度 | 323 m
宽度 | 37.2 m

在歌诗达的邮轮上，我们能见到威尼斯的贡多拉以及圣马可广场上的立柱，通过材料模拟、符号和新技术方法作为支撑，建立静态主题形式语境，使现代乘客身临其中时，通过观察和联想，能够进入期望的主题情境。

"威尼斯"号是歌诗达公司第一艘以城市命名的邮轮，设计理念和建造地点均源于威尼斯。自3层登船后进入威尼斯圣马可广场命名的大堂，飞狮石柱立在大堂吧中间统领整个空间氛围，贯穿3、4、5层的充满意大利风情的中庭。4层挑台被船商设置为舞台，全天有不同类别的表演。围绕着中庭的4、5层为星光购物中心的商店和精品廊。邮轮上有3个免费餐厅，3层的马可波罗餐厅、4层的大运河餐厅、10层的丽都阳光集市自助餐厅。马可波罗餐厅及大运河餐厅是"威尼斯"号的主餐厅，大运河餐厅伫立了一座"叹息桥"，"运河"里陈列着刚朵拉，两岸排放着餐椅，吸引很多人驻足拍照。星光酒吧则是来自威尼斯电影节概念酒吧，通往酒吧需要走过一条长走廊，走廊地面铺红地毯，顶部设置镁光灯，走廊两边是国际巨星蜡像和金狮。船舱的设计风格优雅简洁，床头墙上无一例外是一幅威尼斯风景照片。邮轮可容纳981人的凤凰大剧院，上演的是《罗密欧与朱丽叶》《茶花女》等歌剧，以形成全套的叙事场景和氛围。

歌诗达"威尼斯"号大厅（左上图）
"威尼斯"号的运河餐厅（左图）
以大运河为灵感的餐厅，餐厅里有大运河、贡多拉、桥廊和威尼斯市徽旗帜的装饰，为乘客提供运河河畔的浪漫晚餐，同时，一艘贡多拉停泊在码头，等待开启下一趟旅程。乘客可以在这里拍张照片，或是穿过廊桥漫步。

d. canteen   c. bar   b. library   a. theatre

侦探推理邮轮主题及场景设计
柳玥霖 王子瑶 王之月 巫鑫洁

A. theater

B. library

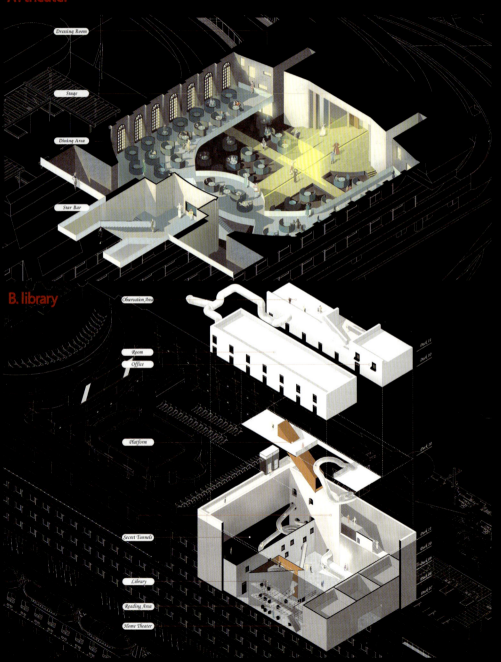

Dressing Room

Stage

Dining Area

Star Bar

Observation Area

Room
Office

Platform

Secret Tunnels

Library

Reading Area

Home Theater

Deck 11
Deck 10
Deck 10
Deck 11
Deck 10
Deck 09
Deck 08
Deck 07

C. bar

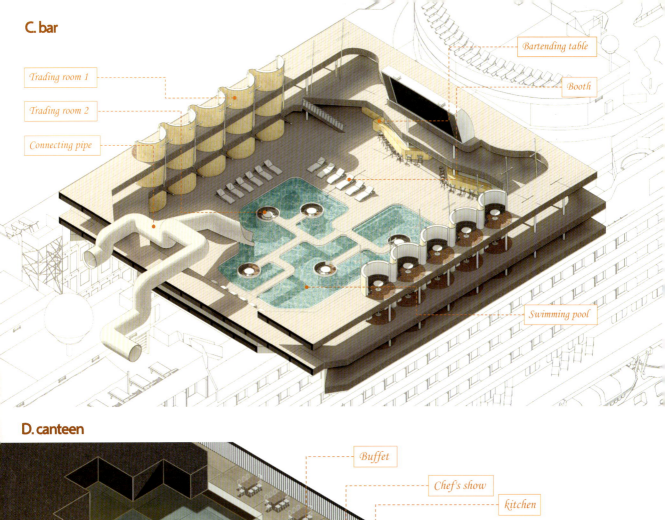

Trading room 1

Trading room 2

Connecting pipe

Bartending table

Booth

Swimming pool

D. canteen

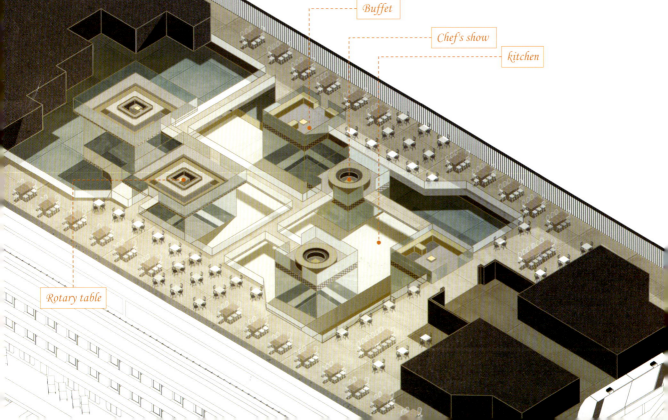

Buffet

Chef's show

kitchen

Rotary table

第一印象的设计
First Impression

邮轮大堂集合了社交、小型主题活动、商业销售、宾客服务、费用结算等功能。大堂一般位于邮轮第三至五层甲板的中心位置，方便登船桥的对接、与邮轮内部交通系统的对接，起到连接餐厅、剧院、免税店、赌场等重要公共空间的作用，是游客往来的必经之地；内部布置各类交通设施，包括景观楼梯、景观电梯、挑空走廊等。由于宾客已经在登船前办好了相关手续，邮轮大堂不需要设置大型前台，取而代之的是小型信息服务咨询前台、大堂吧，附近有楼梯、电梯，利于宾客尽快通过并进入自己的房间。在邮轮内部登船及离船口附近一般配套落地服务和应急空间，如医院、自行车或潜水装备租赁等功能区，满足其快捷登船或者离船的需求。

一个成功的邮轮大堂设计离不开两大因素的平衡：视觉营造和功能组织。在视觉营造上，大堂不应只提供空间感受及装饰风格，更要涵盖品牌理念及文化主题。它直观地体现邮轮的规模、形象氛围和品质，是邮轮核心设计风格以及视觉效果基调集中体现的区域，是该邮轮品牌区别于其他品牌的辨识符号之一；带给宾客旅行起始的仪式感，同时也是邮轮上重要的空间地点和行程的坐标标示。游客从邮轮母港登船进入邮轮的程序，跟搭乘飞机的程序基本一致，酒店的大堂功能，如入住登记、结账以及等候，均不需要在邮轮上解决。

有不少邮轮设计重新定义了客户体验的旅程，将邮轮体验认知为一个闭合的系统，取消了大堂作为最为重要的连接内外的空间的作用，而是只作为登船通道空间。待宾客登船安置完毕之后，才正式开启体验之旅，这个启动的空间往往不是大堂，而是甲板。

"爱极" 号

	Celebrity Edge
下水年代	2018
吨位	130,818 GRT
载客人数	2,918
长度	306 m
宽度	39.0 m

精致邮轮 "爱极" 号
©Celebrity Cruises

精致邮轮品牌定位是引领现代奢华的典范，该品牌形象标志中的 "x" 是 "现代奢华" 的标志，区别于其他品牌的邮轮体验，"为客人提供超出预期的邮轮体验" 由精致邮轮全面定义，并制定全球化标准："高品质，出众的外观设计，宽敞的住宿环境，宏伟的风格，周到的服务和出色的美食"。

精致邮轮"爱极"号魔毯

©Celebrity Cruises

　　魔毯设计也许是 Edge 系列最独特和创新的功能，精致邮轮"爱极"号在邮轮侧面搭载了一个重达 90 吨网球场大小的移动甲板。甲板可以从 2 层到 16 层升降，停靠港口时该甲板可以协助乘客搭乘转驳船上岸游览，平日晚上可以成为一个完美的游泳池甲板餐厅，白天则可以停留在 5 层作为一个延伸的酒吧。魔毯的设计还带来了意想不到的体验提升，邮轮上乘客众多，上下船的体验一直是难以解决的，在狭小的空间里排队等候，变成了在开畅的空间，不慌不忙地观赏周边环境和人群，这是重要的体验提升。

邮轮大堂设计要点

1. 流线：登落船的人流安排是非常重要的一环，无论从母港出发还是到达访问港，组织 3000—6000 名宾客上下船是一个系统工程，空间的布局必须合理。上下船等候排队是超大型邮轮的重要课题，须将宾客的登船时序做好安排，并综合到访港口的情况进行调节；同时，大堂也是连接剧场、电梯间、餐厅、酒吧或其他人流密集区域的通道和人流集散地点，综合安排，才能最大限度地提升宾客体验；

2. 信息台：提供人对人的信息咨询服务，陈列相关的信息资料或设置传递信息的装置，同时保留船上消费支付业务，虽然现在多数消费业务已提供线上支付，但仍有不少老年游客习惯使用现金或信用卡结算；

3. 办公区域：落地旅游服务销售和迎宾办公室；

4. 电梯：电梯设置于附近，并提供足够的电梯大厅空间来处理行李；

5. 大堂吧：与陆地上的酒店大堂吧的功能类似；

6. 大楼梯：结合通高的大堂空间设计的大型特殊造型的楼梯，是令人瞩目的大堂设计元素，同时也提供了更为直接便捷的与上一层公共空间的连通方式；

7. 标示装置：一般大堂会通过一个具有直观的震撼视觉造型的装置控制整个空间的氛围，以艺术的方式传递邮轮的核心理念。

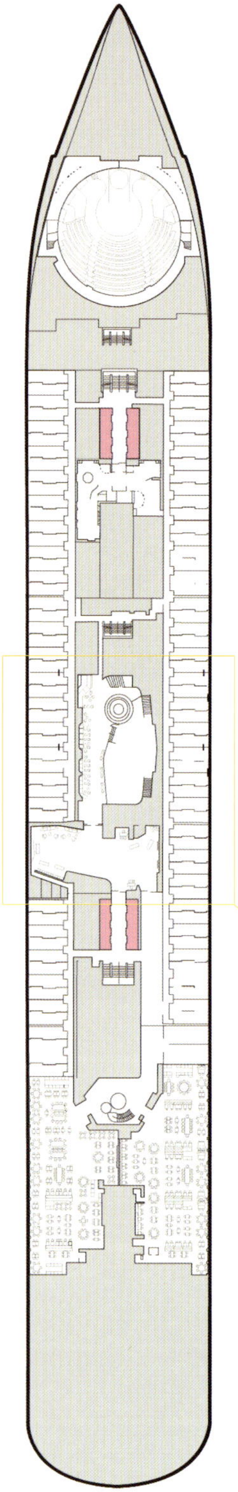

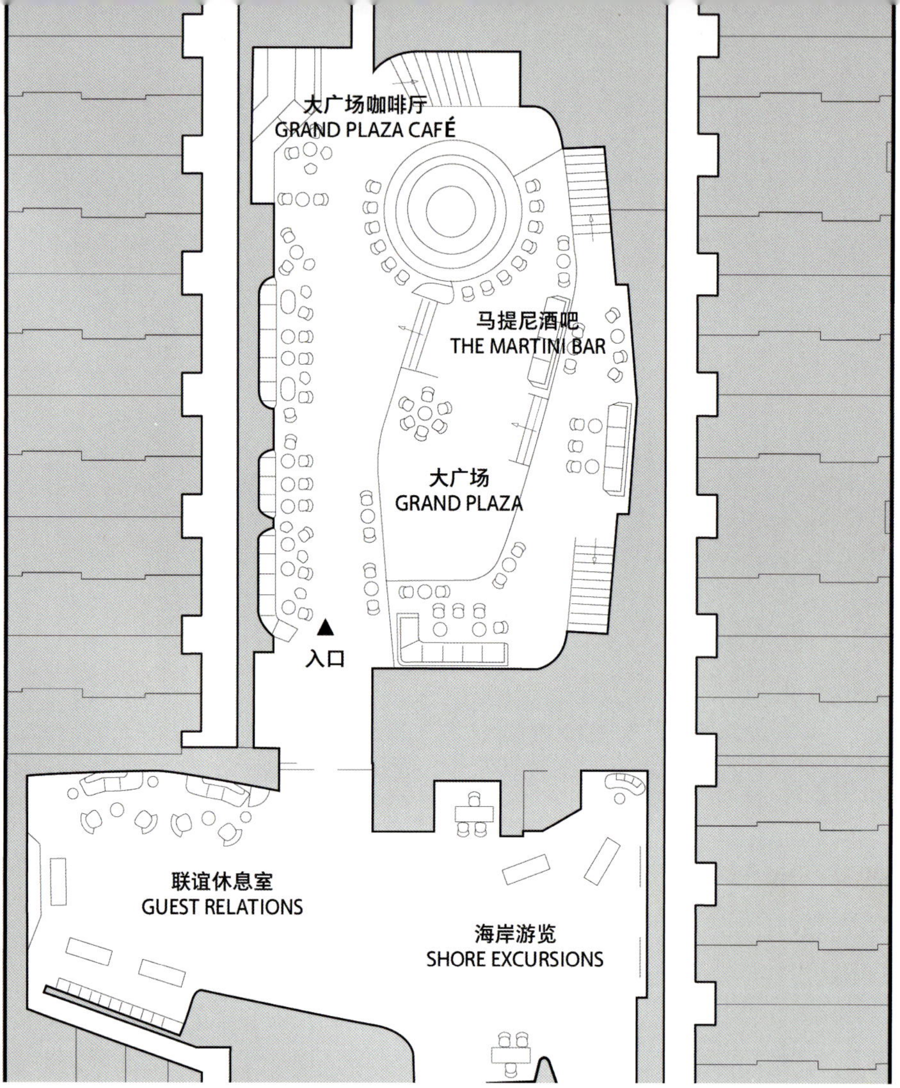

大广场咖啡厅
GRAND PLAZA CAFÉ

马提尼酒吧
THE MARTINI BAR

大广场
GRAND PLAZA

▲
入口

联谊休息室
GUEST RELATIONS

海岸游览
SHORE EXCURSIONS

精致邮轮"爱极"号大堂平面（上图）
精致邮轮"爱极"号甲板 3 层平面（左图）

0 1   3   5M

精致邮轮"爱极"号大堂
©Celebrity Cruises

"爱极"号大堂设计更像是酒店的大堂设计，它通过巧妙的路径和高程变化的设计为乘客带来惊艳的视觉享受，力图留下深刻的第一印象，同时大堂也的确成为空间组织和乘客社交的中心。随着大广场的活动在一天中发生变化：中心装置的设计师 Sanjit Manku 和 Patrick Jouin 将兴奋和惊奇的感觉带给 Grand Plaza，竭力捕捉海上旅行的魔力枝形吊灯也会发生变化：白天它是休眠的，像一个美丽的雕塑，同时反射自然光线，日落后散发出温暖的橙色光，照亮空间，夜晚开始脉动——跳舞和娱乐，就像是一颗跳动的心脏。

精致邮轮"爱极"号大堂中庭设计草图
©Jouin Manku Studio

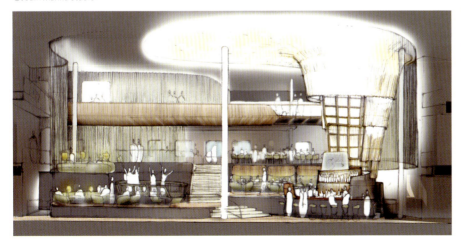

"爱极"号大堂中庭的白色楼梯模型
©Jouin Manku Studio，Photographer:Eric Laignel

"爱极"号大堂的巨型金属网状结构装饰，由 Jouin Manku 与 STUDIO MTX 设计
©Jouin Manku Studio，Photographer:Eric Laigne

"爱极"号大堂的巨型金属网状结构细节
©Jouin Manku Studio，Photographer:Eric Laignel

"爱极"号主餐厅中庭的三层空间由白色的楼梯连接
©Jouin Manku Studio，Photographer:Eric Laignel

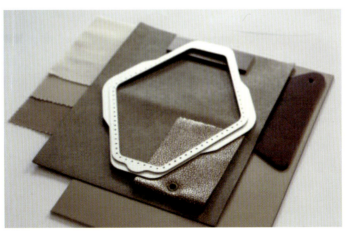

金属网状结构装饰材料由金属、皮革和织物组成。（上图）
黄铜摆锤在中庭处于中心位置，
与白色楼梯帆布形成鲜明对比（右图）
©Jouin Manku Studio，Photographer:Eric Laignel

The Cycle 享受到刺激的循环
Between Enjoyment
and Excitement

空间和主题的营造胜于功能要求，不甘于视觉上的低调，努力转化为"想象的表象世界"，
努力营造叙事结构，让游客陷入想象的角色之中。
设计成功与否，正如克林曼所说：
"取决于消费者从中获得的感受，也就是说他能不能带给游客欢乐，
并最终让游客满心欢喜地离去。"【39】
设计的重点不在于功能和使用，甚至也不在于造型，
其要点在于如何具有感动人的力量，使游客的身心完全地沉浸其中。

大型邮轮上不仅配备了网球场、游泳池、迷你高尔夫球场、慢跑跑道、健身房、水疗馆、电影院、赌场、商店、舞厅，将各种休闲享乐推向极致，同时还通常会订制一些特种的装置以及大型的艺术装置，甚至是航海的冒险成分也变成了娱乐化刺激的一部分。一切都安排妥当，邮轮旅行不仅不会影响乘客的生活品质感和感官享受，还会带来远离常态生活的意外刺激和惊喜。邮轮借助船只隔离现实，试图将人日常生活的情绪、节奏、时间、地点等信息剔除，并代入新的场景和情绪，期待通过带来舒适和刺激两种不同的体验的循环成就乘客峰值体验，成为更为长久的回忆和期待。

美国心理学家希思兄弟发现，那些令人愉快的峰值时刻大致包含 4 种因素：欣喜、认知、荣耀和连接【40】。由于体验是一个互动的过程，虽然所有的峰值体验都是上述四种因素的不同组合，但在体验设计中更常见的是制造惊喜这个方面，后面三要素都和用户的文化和认知背景紧密有关，需要更多的对用户的认知和。当然，不少生物学研究和实验也证明，如果能打造合适的体验，人们就会乐此不疲。

身体修复空间
Space to Repair the Body

　　西方人习惯把健身和水疗 SPA 作为一个完整的程序来考虑，认为锻炼和理疗对身体和精神是双重修整，邮轮上健身中心和水疗中心配套布置在一起，内在的身体锻炼、健身塑形和外在的护理美容结合，帮助乘客在邮轮上完成身体及精神状态的提升。

　　大型邮轮上的水疗中心往往占据邮轮上最棒的位置即船头高区甲板区域，远离大量乘客聚集的场所，同时拥有 270°海景房间，这充分说明水疗对于游客的吸引以及对邮轮运营收益的重要性。无论是大型邮轮还是小型豪华邮轮，水疗 SPA 都是一个能够让邮轮脱颖而出的关键设计要素。为了响应人们的"健康"意识，如今邮轮上精心设计的水疗中心，完全可以与陆上的水疗中心相提并论。在结合壮观海洋风光的理疗室内，心无杂念地享受水疗服务，或者在面向大海的跑步机上跑 5 公里，显然是具有画面感

的特殊邮轮体验。水疗中心设施包括桑拿浴室、土耳其蒸汽浴室、身体护理室、海水疗法（盐水）游泳池、休闲区、更衣室和美容区。有些船上还有针灸治疗，内置果汁吧或者为情侣提供体验的"水疗套房"。与邮轮上的餐饮配置一样，水疗中心也提供全球化水疗服务方案，配有芬兰浴、土耳其浴、瑞典按摩、中式指压按摩、巴厘岛的油压按摩、中式足底反射理疗、死海泥浴，特别适合邮轮的海水理疗、针灸、艾灸、经典的法国面部护理、亚洲修脚以及牙齿美白等。加上果汁吧及订制的水疗食谱，覆盖乘客对健康的全部需求。所有水疗中心的空间设计都应该给人一种亲切温暖、舒适和谐的感受，邮轮上的水疗中心会更着意在空间布局、色彩灯光、音乐、家具陈设上营造寂静和悠远的氛围，结合窗外空旷的海景，形成陆上无法实现的特殊体验。

精致邮轮"爱极"号海上热疗室的加热躺椅
©Celebrity Cruises

精致邮轮"爱极"号海上热疗室
©Celebrity Cruises
海上热疗室是"爱极"号上水疗中心的核心，它是
一个感官放大场所。

在邮轮上会设置许多提升感官体验的项目，提升感官享受涉及流程、功能、使用方式、五感、心理等几乎全部的设计内容，如 SPA，会针对不同乘客群体的客舱布局，通过设计提升较小的封闭舱室的房间体验，特别设置物理环境标准，关注温湿度、噪声控制、照明设计等以提升乘客的感官享受。

不过在中国航线上，这种组合似乎并不成功，尤其是健身空间，参与度和使用率较低。不少邮轮已经根据运营数据把大型健身中心缩小成一个简单的健身房。原因主要是中国邮轮乘客和常年在健身房活动的人群，SPA 和健身人群重合度低，适合中国邮轮乘客的健身方式亟待发掘【40】。

水疗SPA空间布局规划的要素

1. 服务流程，接待区、更衣区、功能浴室、SPA 按摩区等需要合理安排流线，避免交叉和视线的干扰；

2. 不同功能水疗、按摩、美容及塑形的空间合理安排；

3. 和外在环境的结合以及健身区或水疗客房或套房专属区的连接；

4. 五感体验的打造：听觉——具备疗愈的音乐，嗅觉——天然植物的熏香和精油，视觉——外在景观和内部的色调，味觉——草药茶饮及果汁吧提供的健康饮品，触觉——按摩、护肤及高触感的织物。

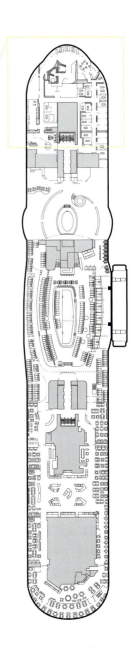

精致邮轮"爱极"号甲板 14 层平面（右图）
精致邮轮"爱极"号水疗中心平面（下图）

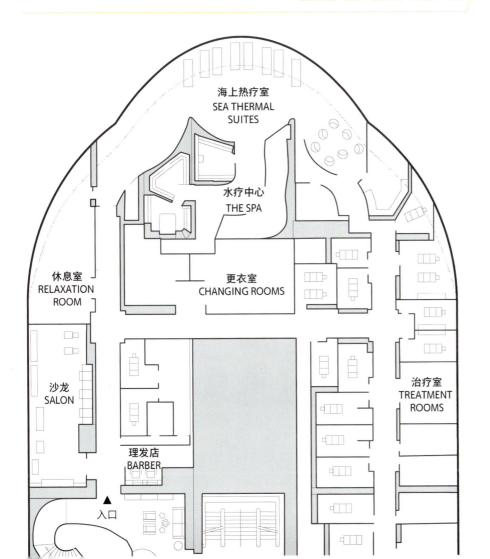

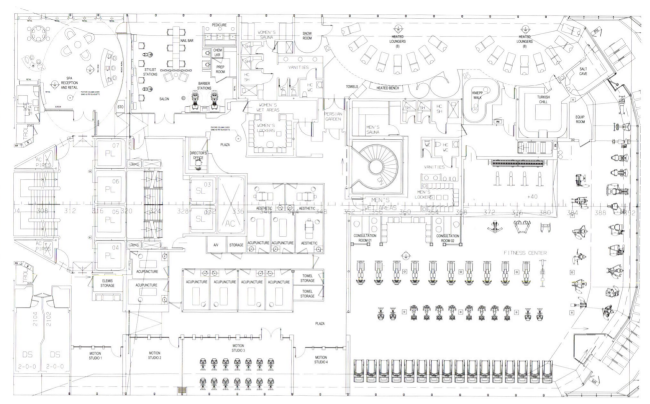

精致邮轮"水影"号的SPA及健身平面
RTKL 设计
©Celebrity Cruises

精致邮轮"水影"号的SPA休息室
RTKL 设计
©Callison RTKL

健身中心的设计要素

1. 接待休息区：咨询、水吧、功能饮料、
健身食品等，品种丰富；

2. 训练区可能包括：

a. 伸展区及瑜伽馆——集体锻炼、跆拳
道、普拉提和瑜伽课于一体，有时也延
伸结合泳池甲板步行及水上健身；

b. 有氧训练区（尽可能结合景观）各种
跑步机、划船机等；

c. 器械区和自由重量练习区（无氧训
练）——相对独立的区域，地面需铺设
专业的塑胶地运动；

d. 康复及体测中心——身体成分分析，
康体咨询；

3. 更衣区：理容、更衣、淋浴等。

游乐设施
Entertainment Facilities

　　船上最大的泳池一般设置在船的中部，以帮助船只控制重心。泳池往往环绕着日光浴区域，甚至可能会有2—3层的空间摆满沙滩椅。热带海滩装饰风格显然更能配合乘客的体验，活植物和棕榈树、漩涡浴池和池畔的酒吧、铺着浴巾的躺椅，共同形成了滨海度假的氛围。大型邮轮往往通过多样的活动安排保持乘客体验热度，泳池和日光浴区域是一个能组织多样化活动的重要场地。泳池一般是传统的矩形，尺寸不小于8米×15米，但往往不会超过25米长。有时泳池上方设有可开启的大型玻璃屋顶，保证不同天气情况中泳池的使用，到了晚上，这里还会变成有现场音乐表演的池畔派对区或者星光电影放映区。

精致邮轮"爱极"号泳池酒吧
©Celebrity Cruises

　　泳池同层甲板的延伸区域，一般在船尾部设有自助餐厅，丽都自助餐厅为处于休闲中的人群提供连续的气氛，乘客无须换装即可在自助餐区用餐。自取自收，轻松方便，能够保持一贯的度假轻松心态。

精致邮轮"爱极"号泳池
©Celebrity Cruises

精致邮轮"爱极"号伊甸园酒吧
©Celebrity Cruises

　　"爱极"号的伊甸园酒吧，利用船艉3层变幻的空间，把海洋环境、一天之中的光线变化和橡木、大理石以及绿色植物这些常规之物关联起来，不再强调主题，重新定义了邮轮奢华的概念。受到斐波那契螺旋线启发的坡道，高达9米，使宾客能够在蜿蜒的发现之旅中前行。

精致邮轮"爱极"号船艉
©Celebrity Cruises

精致邮轮"爱极"号伊甸园酒吧
©Celebrity Cruises

精致邮轮"爱极"号伊甸园酒吧
©Celebrity Cruises

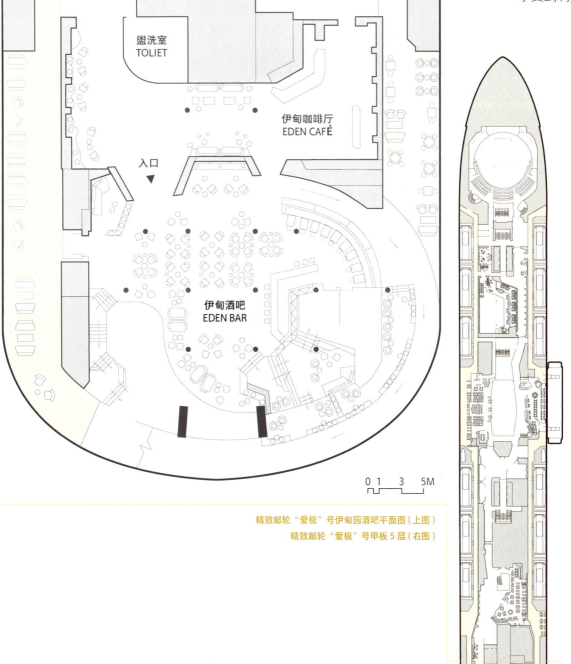

盥洗室 TOLIET

盥洗室 TOLIET

伊甸咖啡厅 EDEN CAFÉ

入口 ▼

伊甸酒吧 EDEN BAR

0 1 3 5M

精致邮轮"爱极"号伊甸园酒吧平面图（上图）
精致邮轮"爱极"号甲板5层（右图）

邮轮旅游显然是按照概念创造出来的高阶需求，不是"生活必需品"和传统意义上解决乘客外化需求的产品。邮轮的创新从来不是从消费者开始，准确地说不是从满足消费者的基本需求开始的，而更多的是靠企业及设计师合作开发的概念愿景，或者说是靠制造和调度乘客的需求来完成的。邮轮是一种特殊的旅游度假方式，恰到好处地提供给乘客所需要的东西之后，满足人们"个人舒适"（生理舒适）及"社会舒适"（身份和地位）的前提下，附带小小的"刺激"作用，具复合性同时满足 3 个层级的需求，其中所谓的潜在需求显然属于西氏所指需求的高级部分，更多地满足乘客的"社会舒适"以及"刺激"的需要。

西托夫斯基的"刺激"

提勃尔·西托夫斯基[①]（Tibor Scitovsky）在"消费者三种基础需求"理论中说：消费者需求和满足的根源可以分为两个大的范畴，分别是刺激和舒适。舒适就是消除、缓解或防止疼痛及不舒适，舒适又可分为"个人舒适"和"社会舒适"。在"舒适"追求以外，就是"刺激"，包含新奇、变化、兴奋、挑战、惊讶、趣味之类的内容【41】。一方面现代人和渔猎时代的人在身体上没有大的区别，仍然对较高的唤醒值（刺激）有需求；另一方面现代人获得温饱与安逸后，空虚和无聊骤然激增，人为地寻找"刺激"成为当代社会最重要的生活内容，体育和娱乐提供了法律允许范围内的"刺激"。

① 提勃尔·西托夫斯基（1910—2002）出生于匈牙利，斯坦福大学教授，最负盛名的著作是《无快乐的经济》，郑也夫先生称读他的作品是智力生活中的一种享受。

峰值体验的设计

体验，是人达到情绪、体力、精神的某一特定水平时，意识中产生的一种强烈明显的感觉。体验当然有好有坏，但体验设计更重视打造峰值体验，通过整体环境的营建来带动顾客的峰值体验。心理学中有个"峰终定律"（Peak End Rule）——无论是最好或最坏的，体验峰值瞬间是最终能让人们长久记忆和回味的，而其过程中的各类不好不坏的体验则会被大脑抹去。邮轮一直在为人们设计营造出这样的良性峰值体验瞬间而努力，建立黏性，改变并培养游客的行为和使用习惯。

北极星

　　"海洋量子"号上为人熟知的"北极星"，以 41 米长的可以 360° 旋转的摇臂支撑观察舱，最多能将 15 人送到海平面上方约 90 米的高度，来俯瞰壮丽的海洋和邮轮的景色。凭借带来超出日常生活的全新惊喜和体验设计，激发乘客的潜在需求，创造乘客的峰值体验和美好回忆，是体验旅游的标准产品。

"海洋光谱"号南极球项目

"海洋量子"号北极星项目内部
©Sohu

"海洋光谱"号上通过手机 App 预订的甲板跳伞订单
复合了 VR 设备南极球（skypad）项目，皇家加勒比中国区特别为中国顾客选用的订制娱乐设备。

赌场
The Casino

负载在具有冒险性的航海活动中的博彩内容，区别于陆地上常见的娱乐活动，又能带来刺激性的体验，几乎成为各大邮轮公司的标准配置。对刺激的诉求深埋于人性的深处，被文化和习俗层层叠叠地掩盖，而商业社会及体验经济无非是利用设计和技术唤起人们的这些本能需求。

水上赌博始于 19 世纪中期美国密西西比河上的河轮，法国的"普罗旺斯"号是有记载的第一条提供博彩活动的远洋邮轮。现在，除包括迪士尼邮轮在内的少量邮轮公司以外，船上赌场都被视为娱乐活动的重要组成部分。

赌博属于被管制的特种经营项目，邮轮上赌博因为其公海航行的原因，可以为所有游客提供合法的赌博机会，游客对能够"不确定获得奖赏"的冒险而产生的快感乐此不疲，也正因此，赌场成为邮轮上必不可少的特色娱乐项目，也是许多邮轮公司收入的主要来源。无论是资深玩家，还是只想试手气的，都能在大型邮轮上找到去处。当然，船上赌博活动必须要遵从到访国家的法律和邮轮船旗国制定的规则。

与陆上赌场不同，大多数船上赌场并非全天候开放。它们一般在停靠港口时关闭，邮轮离开港口驶过距海岸 24 英里线后，处在国际水域时，赌场就可以合法开放。2013 年，精致邮轮引入了船上移动端的博彩投注功能，只需提前在手机端下载 APP，游客就可以在船上的任何地方线上加入赌博了。

最受中国乘客欢迎的博彩项目可能是老虎机，老虎机会为赌场带来一半以上的收入。桌上游戏包括各种扑克游戏（梭哈、德州扑克、二十一点、百家乐等），还有轮盘赌。邮轮上的赌场一般都有相对封闭的 VIP 区域，提供给高额投注的客人，和陆地上的赌场一样，VIP 区域的客人会获得邮轮公司提供

的特殊礼遇，享受折扣，免费餐饮或者快速登船服务。以"世界梦"号邮轮的赌场为例。"世界梦"号邮轮的赌场位于高达三层的中庭的第二层周边，赌场的桌牌和老虎机环绕中庭摆开，在这些设施周边，有甜品、饮料以及免税珠宝首饰的销售场所。老虎机位于中庭左手位置，桌牌位于中庭右手的位置，每一张桌牌有一名荷官，忙碌的荷官身边围绕着操各种地方口音的中老年赌客。

现代邮轮的娱乐场所在设计、流量和噪声控制方面已发生了翻天覆地的变化。在赌场空间环境的选择上，非但没有刻意的遮遮掩掩，反而大大方方地迎接赌客以及潜在的跃跃欲试的新手。赌场往往位于邮轮中庭周边的显眼位置，处在游客过往的主要动线上。

冒险后的峰值体验显然会带动消费，赌场周边布置商业及酒吧，共同营造纸醉金迷的气氛和效果，互动创造价值，这正是法库斯的设计秘诀。这种布局是经过实践充分验证的，不仅邮轮赌场，陆地赌场同样在朝着联动服务的方向发展。按照大多数船的设计，乘客（包括儿童）必须经过赌场才能到达餐厅或休闲厅（尽管不允许儿童参与赌博）。部分邮轮公司，如诺唯真邮轮公司，将赌场设计成封闭的空间，方便带孩子的家庭穿行。2019 年的中国邮轮乘客问卷调查结果显示，赌场位居最不受欢迎的功能空间之首。大概是因为中国家庭整体出游的比例较高，同时也反映了中国民众对赌博的看法。

"成瘾"

以培养用户习惯为目标——其实就是以让用户上瘾为目标。苏珊·奇弗在其著作《性，上了瘾》（Desire: Where Sex Meets Addiction）中一语道破了玄机："成瘾"是 21 世纪的时髦词汇。人们有各种各样的成瘾行为，从对甲基苯丙胺的严重依赖到对星巴克的拿铁上瘾……或是必须躺在 600 纱织的高级床单上才能入睡。成瘾实际上就是人类脑部对愉悦感运行的多次的重复，大卫·林登在《寻找爽点》一书中说道："一旦腹侧被盖区中含有多巴胺的神经元被激活，就会释放多巴胺到其他目标区域，即伏隔核、前额叶皮质、背侧纹状体和杏仁核，于是，人们就能体验到愉悦感，而在体验到愉悦之前或同时所发生的感官提示和行为，都会被当事人认为是积极的情感和体验。"【42】书中还叙述了多个实验表明生物对愉悦的生物本能的追求。体验设计就是通过环境的整体营建唤起人们的愉悦感受。

"沉浸式体验"典型的艺术作品如 teamlab 的系列作品、Sleep no more 沉浸式戏剧；各种沉浸式体验馆如沉浸式密室逃脱、沉浸式剧本杀，常规的电子游戏，以及 VR 甚至未来的 AR 游戏，或多或少都是利用上述成瘾的效应去挑动观众的生理反应与情绪波动。邮轮由于其远离和独立特性，似乎更适合作为浸没式体验的空间。随着虚拟现实技术的进展，未来邮轮上的超出"海洋光谱"号的虚拟窗户的浸没式体验一定会大行其道，我们可能更需要关注的是商业应用之下的道德标准。

"威尼斯"号邮轮赌场

美国众议院对邮轮赌场的规定

只允许成人玩老虎机或桌上赌博。
邮轮必须在所有游戏桌上张贴每个游戏的最小和最大下注限制。
赌桌上不允许有任何私人物品。

"世界梦"号邮轮赌场

基于认知的体验设计 Cognitive-based Experience Design

旅游体验是现代社会的一种仪式，乘客在其中寻找真实性和意义【43】。

享受类型体验式旅行逐渐演化成成就式的和认知有关的旅行。

邮轮乘客期望在观光之外寻找身临其境的文化体验，活动清单变得越来越以价值目标为导向。

多数超越感官享受的体验来自洞见、荣耀以及连接等认知层面，

可以说是非常紧密地和意识形态关联的内容。

意识形态也常常是认知体验的基础，强大的品牌必须依靠意识形态支持，即对于作为产品核心的

文化观念的一种独特的态度。

后现代主义的密集拼贴设计手法提供大量的混杂表象的视觉、听觉甚至嗅觉信息，将游客带入场景形成的主题内容的体验，同时浸没式体验也会导致游客丧失自我和身份。结合旅行、旅游和后旅游的三种概念【45】，基于认知体验设计和通过迪士尼化的设计手段不同，其空间设计的诉求恰好相反，基于认知的体验设计必须具备帮助游客建立强烈的自我意识关联的手段。情景、事件或场所依然可以模拟，但留有空间并有意不是很完整。游客更希望充分将身心置入体验，通过自身角度感受空间和环境，找到身份认同（Indentity）和获得尽管也许只是瞬间的自我认知，而不是被强烈堆积的复制化的"赝品"所包围和侵占。

国际邮轮协会（CLIA）预测的邮轮业的11个新趋势【46】

1.多元化的休闲方式

2.成就感＞体验式

3.船上智能科技

4.到遥不可及的地方成为一种新奢侈

5.Instagram促进邮轮旅行

6.淡季出游

7.移动办公

8.独自旅行

9.环境保护意识观念增强

10.Z世代

11.女性为主的旅游

国际邮轮协会（CLIA）的2019年邮轮业趋势预测的11个新趋势中，绝大部分都和现在的社会运动以及意识形态有关，比如女权主义、环境保护等甚至成为主要的文化内容，和政治正确紧密相关联；而多元化的休闲方式，成就感＞体验式邮轮旅游以及到遥不可及的地方成为一种新奢侈，强调了未来多元的价值观和更多的个性化的选择，感官体验显然不足以满足深度认知体验所需的成就感；成就感是基于自我定义的，同时和身份认同高度相关。游客将旅程作为一种仪式和成熟过程来体验。旅行包括一系列肉体、精神和认知的挑战，为此的付出会通过某种个人的身体、时间或者训练等"不便"，甚至是一定的"痛苦"，但获得是饱满的、不可复制的精神上的回报。旅行者将旅行作为一种过渡仪式和成熟过程来体验。

探险体验

Expedition experience

近年来，追求极致的人士会更多地选择 3-5 万吨的小型豪华邮轮出游，他们当中的一些人将目光投向地球上曾经遥不可及的地方，想成为同龄人中最先体验登上南极的人。相比小型豪华游轮，探险邮轮是更小型邮轮，一般乘客在 500 人以下，并使用特殊的清洁燃料驱动。探险邮轮提供更多"船外的世界"，而非传统邮轮的设施及娱乐活动，"到哪儿去"对于探险邮轮而言是更为重要的课题。由于探险邮轮的体量更小、装备更完善、吃水浅，能够抵御浮冰，甚至有一定的破冰能力，能更便利、更深入地抵达南北极地区一些难以到达的地方，对于这些与世隔绝的地方而言，探险邮轮可能是唯一的进入方式。因此探险邮轮的航线设置更为灵活，能够根据气候、海况、企鹅和鲸鱼等野生动物活动情况和其他未预见的情况，在最后时刻调整航线，以满足基地探险的订制化需求。为了保护南极的生态环境，使用重油的中大型邮轮被禁止在南纬 60°以下航行，同时大中型邮轮动辄数千的乘员在南半球狂躁的西风带和浮冰区一旦遇险难以施救，所以极地探险成为了特殊设计的小型探险邮轮的天下。

"发现"号
Evrima

下水年代	2020
吨位	26,500 GRT
载客人数	298
长度	189.9 m
宽度	24.1 m

©SILVERSEA CRUISES LTD.

"发现"号邮轮餐厅

©SILVERSEA CRUISES LTD.

　　极地探险邮轮的历史可以追溯到 20 世纪 60 年代，一般认为第一艘探险邮轮为 1969 年投入运营的"Lindblad Explorer"号（2,398 总吨，载客量 104 人，破冰等级 1A）。随着银海邮轮、精致邮轮、水晶邮轮等主流邮轮公司介入这一领域，探险邮轮的受关注度程度进一步增加。探险邮轮成为近年来邮轮产业中增速最快的创新类型，根据 Cruise Industry News2019 年公布的全球邮轮新造船订单，大约有 1/5 是针对探险旅游业务的。到 2021 年，将有大约 22 艘全新的探险邮轮投入运行，特别是在北极和南极等极地地区。探险邮轮多数舱房为阳台房，舱房面积在 22—44 平方米，船员乘客比均在 1：2 以下，基本可以与小型豪华邮轮的船员乘客比相比拟。

国际南极旅游组织协会（IAATO）对南极旅行船的分类[1]

1. YA：载客在 12 人及以内的游艇，允许安排南极登陆，登陆点灵活；
2. C1：载客 13 人到 200 人的小型探险船，允许南极登陆，登陆点较多；
3. C2：载客 201 人至 500 人的中型探险船，允许登陆，但登陆点较少；
4. CR：500 人以上的邮轮，不允许安排南极登陆，只能远程拍照。

[1] 国际南极旅游组织协会（英文名：International Association of Antarctica Tour Operators，简称 IAATO）由 7 家公司于 1991 年成立。协会的主要目标是"倡导并促进安全的、环保的有关私营旅行团赴往南极旅行的实践活动"。南极旅游业在很大程度上是自我监管的，所以需要一个像国际南极旅游组织协会（IAATO）这样的协会来进行管理。自该组织成立以来，已有超过 100 个公司和组织成员。

"奋进"号
Crystal Endeavor

下水年代	2020
吨位	19,800 GRT
载客人数	200
长度	183 m
宽度	25 m

©Crystal Cruises

新一代探险邮轮将为满足新极地规范的严格环境标准而设计，这些邮轮将通过更为环保、更为知性以及受到保护的身心挑战来彰显其新奢华的理念。每艘探险邮轮除了常规的船员配置，还配备了科考专家、探险队员、讲解人员、摄影师以及专业的影像、仪器设施，许多船只除了配备标准的皮划艇外，还增加了冲浪、水下滑板车、潜水艇和遥控潜水器等亲水装备来提升探险体验，谈不上舒适的基地航海探险，虽然和几百年前跨洋航行的移民们所要忍受的逼狭的生活空间和短缺的物质供给有很大差异，但需要应对海洋上各种不确定的风险和身体全方位体验的参与，依然成为后旅游时代的一种风尚。

水晶"奋进"号探险邮轮
©Crystal Cruises

水晶"奋进"号探险邮轮内部
©Crystal Cruises

考文垂大学集团项目与 Feadship 合作设计了一款可持续的豪华北
极探险船"白鲸"号（Beluga），以支持科学研究和探险体验。

©Feadship

Beluga 探险船的草图设计

©Feadship

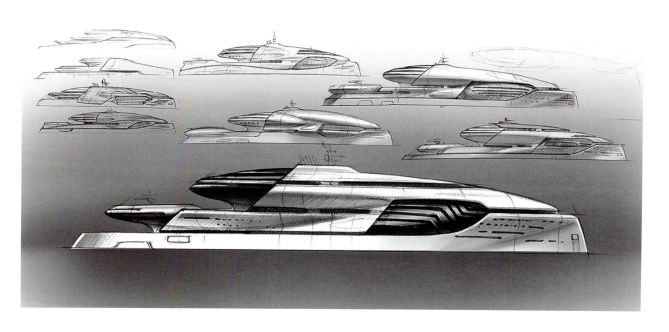

Very large 2.7m height windows allow the guest to be immersed in the view outside

large curved connect the floor with the ceiling to link both endds of the cabin

Beluga 探险船仅为 36 位宾客，44 位科学家和助手以及 120 位服务人员而设计，以提供舒适的旅程。
©Feadship

Beluga 探险船的内部空间
©Feadship
巨大的弧形墙壁连接地板和天花板，高达 2.7 米高的窗户提供了宽阔的视野去欣赏美景。

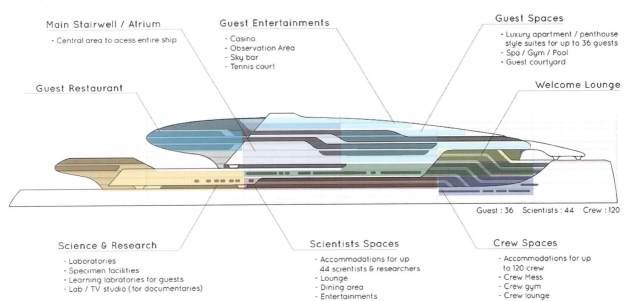

Main Stairwell / Atrium
- Central area to acess entire ship

Guest Entertainments
- Casino
- Observation Area
- Sky bar
- Tennis court

Guest Spaces
- Luxury apartment / penthouse style suites for up to 36 guests
- Spa / Gym / Pool
- Guest courtyard

Guest Restaurant

Welcome Lounge

Guest : 36   Scientists : 44   Crew : 120

Science & Research
- Laboratories
- Specimen facilities
- Learning labratories for guests
- Lab / TV studio (for documentaries)

Scientists Spaces
- Accommodations for up 44 scientists & researchers
- Lounge
- Dining area
- Entertainments

Crew Spaces
- Accommodations for up to 120 crew
- Crew Mess
- Crew gym
- Crew lounge

Environmental Awareness 环境保护意识

环境保护作为一种有政治高度的社会运动，深入辐射到社会各个层面。无论是管理方还是乘客都有强烈的对环境保护的意识。邮轮素有"海上漂浮的城市"之称，产生的污染物数量也可以比拟一座城市。邮轮在锚泊、停靠或移动时会产生大量排放和废弃物，会对海洋和周边生态环境产生一系列负面影响，因而必须通过法规进行控制。另一方面，乘客也日趋希望以一种积极的、带有环境保护意识的方式来旅游和看世界，邮轮行业也同样表达出负责感，与到访地域合作，保护遗产，实施创新性举措，减少邮轮旅游对环境的影响。

环境保护不仅是环境保护技术提升和投入的单方面问题，还涉及能够回应和提升乘客的环境保护意识，健全邮轮的环境保护系统和整体社会氛围，邮轮除了燃烧重油或者柴油产生排放之外，还有多种废水、不同种类的垃圾以及乘客的行为与之密切相关。探险邮轮对于南北极生态环境带来的影响，以及大量到访邮轮对生态环境容量敏感地区的影响都是重要的研究内容。

减少邮轮旅游对环境的影响，尽管相对邮轮排放本身来说，具体到每一位乘客对环境的影响不是那么显著，但是几千名乘客的行为显然是能够产生影响力的，乘客行为习惯的改进，也会帮助邮轮减少污染。同时游客的环保意识的普遍提升，对邮轮公司的环保策略制定显然有着巨大的影响力，越来越多的邮轮品牌文化之中都逐渐加入了环保策略的内容。邮轮乘客对于环境保护越来越重视，各个品牌也会更为努力地依据可持续发展的方向改进邮轮的性能和环境标准。

美国运输统计局（Bureau of Transportation Statistics）的数据，一艘载有 3,000 名乘客和船员的大型邮轮一周航行会产生 21 万加仑（约 95 万升）的污水；100 万加仑（约 454 万升）灰水（来自水槽、淋浴间和洗衣）；危险有毒废物 130 加仑（约 590 升）；50 吨固体废物（2017 年减少到 16 吨）；以及 25,000 加仑（约 1,000 升）含油的压载水，以及持续的和高污染城市环境近似水平的空气排放。[47] 在全球范围内运行着超过 200 艘同级别的邮轮，所有的排放加起来是个不能忽视的数字。邮轮船舶污染物主要分为 7 类：污水（黑水）、灰水、固体废物、危险有毒废物、舱底水、压载水和空气污染。公众比较敏感的是燃烧石化原料的排放问题，但其他 6 类污染物的控制也是非常重要的。实际上邮轮的废物回收率，通过焚烧、压缩带回陆地等方法，平均回收率比陆地高，但由于海洋的特殊性，这一数字还需要进一步提升。除了通过技术减少排放之外，还需要从公众环保意识的提高方面来寻求更好的方案。

ECOSHIP 的环保措施

©Oliver Design

Ecoship 是日本最大的邮轮组织 Peace Boat 与芬兰 Arctech Helsinki 船厂、DNV GL 合作设计的世界上最环保的概念级邮轮。排水量 55,000 吨、可容纳 2,000 名乘客，配备了 10 个可收起的太阳能帆板、可伸缩的风力发电机以及为将来准备着的混合动力引擎。Ecoship 拥有可驭风以提供动力的风帆，顶层甲板配备超过 6,000 平方米的太阳能板，有水循环利用系统，还有能够从废气中回收 80% 热能的废气热能回收系统，水净化以及再利用系统，它是漂浮在海上的可持续生态系统，是对环保生态的有力回应。

邮轮对鲸的伤害

　　每年邮轮把将近一百万的游客带来阿拉斯加（Webb and Gende，2015）。因为出行的邮轮数量众多，在巡航季节对海里濒临灭绝的座头鲸产生威胁，有报道邮轮与鲸相撞事故的发生。通过 AIS（Automatic Identification System）对 26 艘邮轮的 451 航次的一项调查表明，高峰季节每天多达 10 艘邮轮过境，巡游时间中约有一半时间（47%）发生在夜晚，这意味着船只发现鲸后可供避开的操作时间很短【48】。对鲸和邮轮相撞的关注，对于该地区的邮轮运行的模式和环境保护以及生态维持都有重要意义。

©www.forbes.com

意大利威尼斯从 2002 年 4 月起，禁止大型邮轮进入城市历史中心区，以保护潟湖环境不被大量到来的邮轮污染，并减少和控制通过邮轮到访威尼斯游客的总量。

2020年可持续发展目标

环境　•　安全　•　劳动&社会

碳足迹

-25%

Reduce the intensity of CO2e (equivalent carbon dioxide) emissions from our operations by 25% by 2020 relative to our 2005 baseline, measured in grams of CO2e per ALB-km.

AWWPS技术

Increase Advanced Waste Water Purification System (AWWPS) coverage of our fleet wide capacity by 10 percentage points by 2020 relative to our 2014 baseline.

10% POINTS

5%

减少废物

Continue to reduce waste generated by our shipboard operations by 5% by 2020 relative to our 2010 baseline, as measured by kilograms of non-recycled waste per person per day.

多样性和道德

Continue to build a diverse and inclusive workforce and provide all employees with a positive work environment and opportunities to build a rewarding career to further drive employee engagement.

商业伙伴行为和道德规范

Further develop and implement vendor assurance procedures ensuring compliance with Carnival Corporation & plc's Business Partner Code of Conduct and Ethics.

废气净化技术

Continue to improve the quality of our emissions into the air by developing, deploying and operating Exhaust Gas Cleaning systems across the fleet capable of reducing sulfur compounds and particulate matter from our ship's engine exhaust.

冷烫能力

Increase Cold Ironing coverage of our fleet wide capacity in relation to future port capabilities.

INCREASE

5%

水利用效率

Continue to improve water use efficiency of our shipboard operations by 5% by 2020 relative to our 2010 baseline, as measured by liters per person per day.

SUSTAINABILITY - FROM SHIP TO SHORE
CRUISING • COMMITMENT • COMMUNITY

客人和机组人员健康，安全&安保

Striving to be free of injuries, we continue to build on our commitment to protect the health, safety and security of our guests, employees and all others working on our behalf.

我们的团体

Continue to work on initiatives and partnerships that support and sponsor a broad range of organizations for the benefit of our local and global communities throughout our Brands, in particular Fathom.

嘉年华公司 2020 年可持续发展目标

ⒸCarnival Cruise Lines

面对来自环保组织、民众和政府方面的压力，邮轮公司作出回应，采取了相关措施。嘉年华公司在 2020 年的可持续发展规划中提出了十项目标，以减少该线路在未来 5 年内的碳足迹，同时增强旅客和乘员的健康、安全和保障，并确保其品牌之间的可持续商业行为。十个目标中的三个目标集中于开发、部署和运行用于清洁空气排放的废气清洁系统，并进一步降低等效二氧化碳排放的强度。

"风神"号（Wind Surf）

ⒸCarnival Cruise Lines

一般风力和燃油双动力的邮轮，船上提供 154 个舱室，凭借 5 个桅杆和总面积超过 2,000 平方米的船帆，不需要发动机也可以以 12 节的速度安静地航行。

小　结
Summary

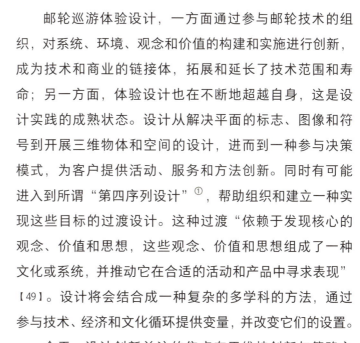

　　邮轮巡游体验设计，一方面通过参与邮轮技术的组织，对系统、环境、观念和价值的构建和实施进行创新，成为技术和商业的链接体，拓展和延长了技术范围和寿命；另一方面，体验设计也在不断地超越自身，这是设计实践的成熟状态。设计从解决平面的标志、图像和符号到开展三维物体和空间的设计，进而到一种参与决策模式，为客户提供活动、服务和方法创新。同时有可能进入到所谓"第四序列设计"①，帮助组织和建立一种实现这些目标的过渡设计。这种过渡"依赖于发现核心的观念、价值和思想，这些观念、价值和思想组成了一种文化或系统，并推动它在合适的活动和产品中寻求表现"【49】。设计将会结合成一种复杂的多学科的方法，通过参与技术、经济和文化循环提供变量，并改变它们的设置。

　　今天，设计创新关注的焦点在于维持创新与策略之间的平衡，全球一体化的经济形态，导致单一的模式化设计活动在全球化市场的不同文化环境里进行，事实证明，福特式的设计生产在后工业时代是行不通的。邮轮从单一的运输功能发展到功能多样化以后，更需要注意的是地域化，比如亚洲邮轮市场和欧美完全不同的广阔多元的乘客需求，这时就必须强调针对性的独创体验设计。

① 理查德·布坎南提出设计的四个序列，从图像物体及符号进展到提供活动、服务和方法的决策的序列，同时较高的序列包容较低的序列。理查德·布坎南曾任卡内基梅隆大学设计学院院长，教授。

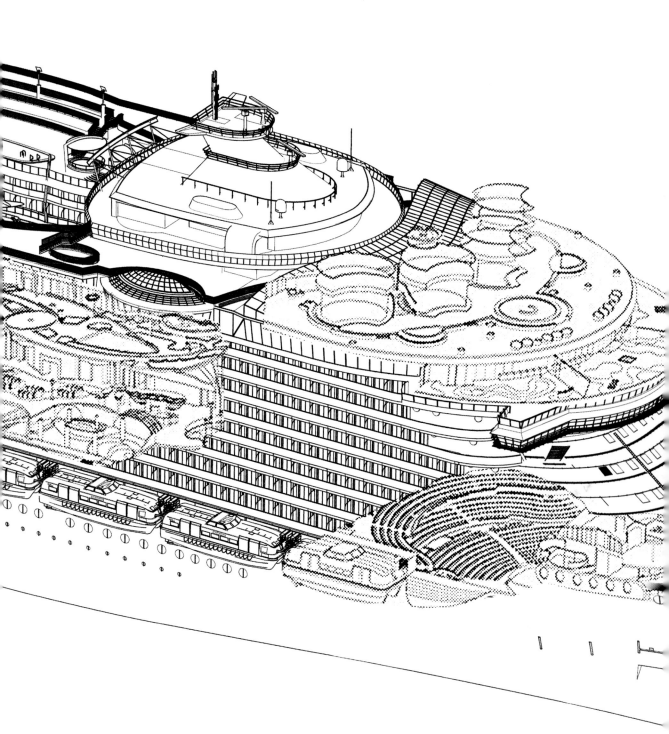

第四章

设计｜工程

Design
Engineering

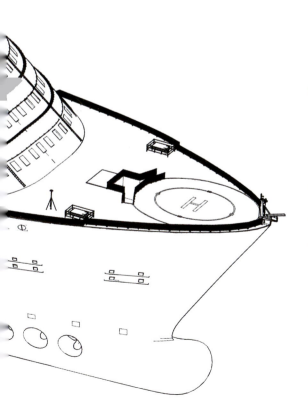

1968年

贝塔朗菲发表的专著《一般系统理论基础、发展和应用》确立了将所有对象当作一个整体系统来看待的系统论理论框架。贝塔朗菲强调，任何系统都是一个有机的整体，它不是各个部分的机械组合或简单相加，系统的整体功能是各要素在孤立状态下所没有的性质。他说道："封闭系统里没有物质的进和出，开放系统里有进有出，也因此改变了其组成。有生命的系统是开放系统，与外部环境不断地交换，其组成部分不断地建立和解体。"【50】

体验设计和工程是系统运行的一部分，必须作为一个动态的不断变动的过程来认识。

设计和工程都是创造性解决问题的工作，但是其侧重点和工作方法并不一样。通行的设计都是基于用户和市场的创新，其要解决的问题和目标非常发散，而工程的目标必须是清晰、聚焦以及量化的，往往是涉及技术和功能性的要求。"设计和工程"的过程，是对已有技术的新的计划、试制和集成过程。【51】"设计和工程"也表达了这一过程工作的时间顺序。我们可以借用递归性来描述"设计和工程"这种沿层级演进的过程，即从总体概念层次到单个空间，再到装置，再到它们各自的局部的产品和部件，每一个部分的构成都是上述过程的重复性进行。

虽然各自的具体目标并不完全一致，但"设计和工程"必须是一个基于统一愿景的完整的过程，以保证最终项目自内而外的整体一致和成功。

设计思维 | 系统思维

Design Thinking
Systematic Thinking

成功巡游体验设计总是能够在前期，

也就是基本设计时期理解和包容更多的设计要素，

巡游体验设计要与商业策略性活动，如市场、管理、公关相融合；

另一方面，不以学科为界，在邮轮装备、形象和空间设计之间进行融合跨越，

并通过设计提出形成超越限定的理念。

设计概念要成功地执行、物化，

需要将前期设计思维在详细设计阶段转化到系统思维的方法上，

工作重心要解决视觉和材料个性化的具体问题，

转向通过系统工程整合围绕着服务供应链的物品、通过构造对材料的组织、通过流程

对设计者的组织和沟通。

其设计方法也自然随着重心的移动而调整。

巡游体验设计的主要关联方以及设计的流程

1. 需求和预测 | 品牌和市场 | 用户定义
2. 用户旅程 | 原型创意 | 基本设计
3. 运营评估 | 利益相关方 | 基本设计
4. 供应链管理 | 生产设计 | 验证

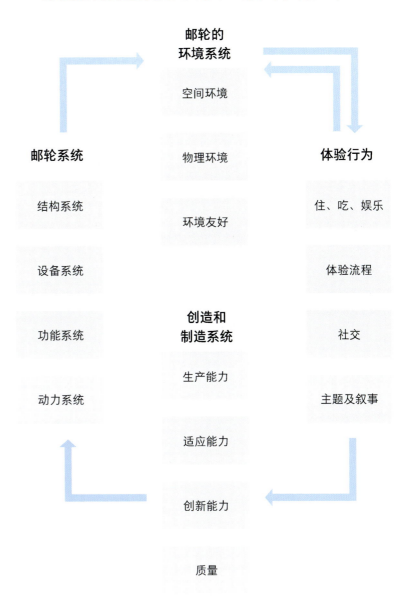

邮轮的评价模型及其四大系统：船 | 环境 | 行为 | 组织

邮轮设计总体还是按照造船行业的传统来进行的，体验创意基本是在这个框架限定下进行的。一个成功的邮轮体验设计一定是多重因素的聚合，包括资源、环境、建造商、供应链和分包商、运营、投资、营销策划、管理、服务，以及最重要的用户定义。

设计的落地过程是与人高度相关的组织和行动过程。正如技术史学家托马斯·休斯 (Thomas Hughes)①强调，一个新项目成功与否，是否能形成可见的设计物，很大程度上依赖于围绕其周围的利益相关方：工程团队、投资者以及企业的职能部门。

① 托马斯·休斯（Thomas Hughes，1932-2014），美国科技史学家，著有《技术系统的社会建构》(The Social Construction of Technological Systems）一书。该书业已成为技术史、技术社会学、STS等领域的经典名著，是技术史与技术社会学结盟的里程碑。

经验告诉我们，企业的各个决策者都会参与意见并使设计的落地变得困难重重。能从企业的愿景出发达成共识是基础，但成熟企业的结构以及其固有文化往往会抵抗创新带来的变化，任何创新的落地都需要强烈的改变意愿以及执行领导力。同时设计师也需要跨越传统设计的边界，采用利益相关方地图等服务设计的手段，将所有参与者都吸收入问题提出及解决的过程，虽然在开始阶段，这会使得设计的工作量加大，但无疑会更好地帮助设计的落地和执行。利益相关方变为设计的参与者，将使他们更容易理解问题、需求以及解决方案的提出。市场营销可以帮助建立用户画像，商业模型则需要财务部门的参与，主要的设计愿景及价值主张则需要运营部门的支持。在传统企业当中，这些部门就是客户，了解利益相关方诉求及关联并绘制地图有助于识别他们之间的关联，并帮助他们认可最终的创新方案。

"技术系统包含着那些混乱的、复杂的、解决问题的成分，他们是被社会建构起来的，也是社会中形成的。"休斯认为技术系统的组分有：物质性人工制品（Physical artifacts）；各种组织和机构（Organization），如制造公司、公共事业单位和投资银行，而且他们通常和学术因素结合在一起，像书刊、教育和研究计划等；立法性质的人工制品（Legislative artifacts），如规章制度。一种人工制品，可以是物质的，也可以是非物质的，作为系统的组分与其他的人工制品相互作用，他们共同促成或部分促成系统的整体目的。如果组分脱离系统，或它的特征发生变化，系统内其他人工制品也将随之调整其特征。技术系统的组织成分由于是系统建造者发明和发展的，因而它们是社会建构的人工制品。系统建造者的根本任务是促使各组分由多元趋向统一，由多样化趋向集中，由混乱趋向协调。【52】

在市场和用户的创新之后，设计的物化过程（工程）更多地和物打交道，制作及加工安装的过程，涉及设计跟进、深化、更新及确认工作。这一段尽管总的设计工作聚焦点以及工作中心从以人为中心移到以物的系统为中心之上，设计思维到这里需要切换到系统思维了。邮轮体验设计落地的过程是设计思维到系统思维的转变过程，同时也要意识到系统思维并非是限定而是另外一种解决问题的方法，只是需要把环境看成是各种关系相互连接的整体。造船是一种"系统工程"，"系统"意味着较大的单元及其环境的若干组成部分的交互形成的体系，这些元素都有特定的目的和功能，同时工作形成整体的环境系统。设计师应该能够掌握不同的思维模式，并能够根据情况，在局部和整体或是从流程到结构等不同思维模式之间切换。我们需要掌握两种思维方式的不同之处（见图）[②]。

设计实施阶段，如详细设计阶段必须对前期的概念到落地时的结构、材料、构造、质量和造价的适合程度作出评价和判断。详细设计进行中也需要不断进行决策，而决策不能依赖机器，必须要有人的参与。即便是邮轮的内部舾装详细设计，作为一个最重要的子项有许多层级，需要进行权衡和恰当匹配，协调通常是很困难的。邮轮的内饰可能是由不同团队、不同公司设计的，同时还要和其他的子项相匹配。这样的组织方式也会有各种不同的方式，显然也需要进行大量的沟通和商洽。从这个角度看，工程成为一种社会组织形式，也并不是完全清晰理性的过程。

系统思维

需求工程		**设计思维**
利益相关者管理	理解问题	深度协作
部件之间的交互	分析顾客需求	与用户的交互
整合、证实及认可	问题解决方案	激进的新产品、新服务和新商业模式
	生态系统设计	概念

② 上图整理自迈克尔·勒威克（Michael Lewrick）、帕特里克·林克（Patrick Link）、拉里·利弗（Larry Leiffer）的《设计思维手册：斯坦福创新方法论》。

详细设计
和生产设计 Detailed Design
and Shop Drawing

　　船只的设计一般包括三个主要阶段：总体设计、详细设计和生产设计。船只的交通运输工具属性，使得船只的设计更接近系统和工程的设计方法，指标和设计逻辑比较清晰，独立的设计单位完成前两部分工作，船厂完成最后的生产设计。

　　由于邮轮的服务对象是人，在船舶设计方看来，设计流程里被嵌入了一套属性、工作方法和原来的思维逻辑不太一样的，服务与巡游体验设计的体系，这使邮轮的设计流程变得有些复杂和不那么确定，给传统的船舶设计制造出了一个难题。

　　邮轮的基本设计包含：项目定义（概念设计）及常规的空间布局及内部和必要的外延空间设计控制，而基本设计是设计师对该区域的基本概念设计的空间方案的尺寸及粗略的材料落实。无论是外部聘用的独立设计师还是邮轮公司内部的设计部门，他们的概念设计和基本设计都最终需要落实到详细设计图纸上。也就是基于业主（船东）提供的原始邮轮总布置和结构设计上的合成。由于邮轮服务的目标对象的不同，其设计组织、建造技术使用和过程都和运输性质的船舶不同，邮轮体验设计工作自开始就主导了整个邮轮的定义，其主要成果涉及邮轮的室内设计，但并不局限于此。基本设计之后，就进入愈来愈严谨的详细设计阶段，同时设计师需要和各专业的工程师以及制造厂家紧密配合生产设计，以保证基本设计的落实和呈现。邮轮内装详细设计主要的工作之一就是和复杂的设备舾装、机电结构等系统相互协调和对接。详细设计的目的是通过配套的图纸语言再现和整合所有设计项目内包含的物体、结构以及设备。详细设计会通过大量的模拟验证来修改设计。详细设计图纸不仅是业内人士，包括客户、设计师以及建造人的一种交流媒介，更是生产设计的参照基础。具体来说，和建筑或者其他安装制造领域一样，按照不同的专业部分分解完成的，包括船体结构、发动机推进等动力系统，舾装包括所有液压、电器及设备系统，装饰和家具等配置的图纸独立为一个子项。

　　邮轮的建造过程中，各个专业工种的工作是互相重叠、依靠和制约的，必须通过详细设计这一工作过程作为媒介将整个项目的信息串联起来，在保证专业之间正确接口的基础上，分享给各个工序工种。这样就可以理解，为什么详细设计图的设计和绘制必须要采用上述高度统一规范的标准来制作了。最后进入到设计师和造船厂技术部门互动落实，直到生产设计和建造完成的完整过程。和传统造船业一样的是，已经投入运营的邮轮还会作为下一版邮轮的设计的基础。

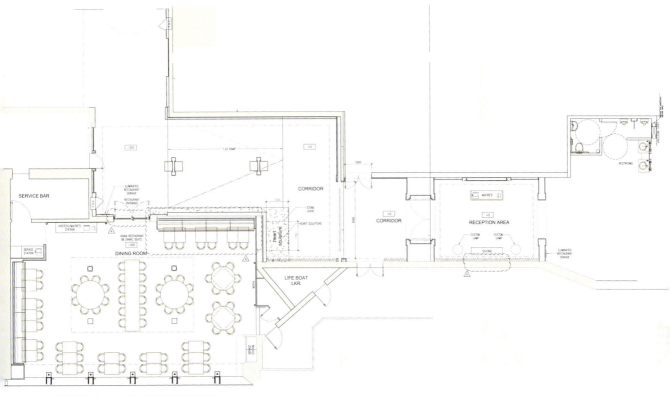

RTKL为精致邮轮"EQUINOX"绘制的餐厅平面图
©Callison RTKL

　　制造是对二维图像理解、转化成最终三维实体或空间的过程。而专业人士会通过阅读二维技术性图纸来理解设计和相关的技术工艺的细节。图纸的本质是使所有参与建造的业内人士通过一种约定的图示语言进行交流【53】。而详细设计图纸传递的内容无外乎揭示制作的程序以及建造的技术工艺。通过图纸、表格及说明具体定义了如何将不同零部件按照特定工艺要求组装成一体的过程，使人快速掌握非常复杂的项目。图纸语言是由相互联系的个体单词组成的，包括各种剖切面的表达——平面图、立面图、剖面图以及分解图（爆炸图）。常规的剖面图一般是基于平行于图纸的方向剖切，但船舶由于其特殊的曲面造型，以及复杂的构造，也有通过展示不同剖切方向的图示，甚至包括三维图纸以及不对应比例的图解示意图，如运用轴侧图或透视图，来帮助

理解和认知。这些图示通过图纸语言重建各个互为衔接的理念、分析实现等设计阶段。在造船领域里，随着软件的发展设计越发是所见即所得，表现和制作都是设计的一个整体，彼此的界面并不那么清晰，表现和实施的图纸的内核甚至都是一个系统产生的。

邮轮设计流程对照建筑设计的方案设计、初步设计以及施工图设计三个阶段，可以简单地把邮轮的基本设计理解为建筑的初步设计，而详细设计相当于施工图设计，复杂的建筑设计一般也会有专业厂家来进行类似生产设计的施工图设计深化。造船厂有点类似建筑业的总包方，技术设计及研发能力更强，能够组织和完成邮轮的生产设计，并主持建造加工的全过程技术服务。生产设计是对船舶生产建造过程进行设计规划，设计生产过程、方法、工艺。生产设计对提高船舶建造质量及效率，缩短船舶建造周期有十分重大的影响，邮轮的生产设计比货船复杂得多。邮轮的内装工程生产设计一般会根据部位及专业分包给多个供应商来完成，这些部位的深化设计则由各个分包商完成，不同专业的设计必须在船厂协同之下进行，协作最终合成为一个完整、

互洽的生产设计的施工图设计文件。船舶设计制造是一个国际化的市场，同时设计制造所使用的标准、规范、流程以及配套的设备产品也都是国际化的。这对于邮轮室内设计来说意味着，和建筑界国际合作方仅以方案为主、国内合作方真正负责项目整体不同，邮轮的设计全过程都会是国际化的流程及标准，也意味着船东设计师的控制权以及标准和规范的国际化。邮轮的详细设计是由船东设计方完成的，而生产设计则是由实施方或者船厂来完成的，这一点和中国的建筑设计也有区别。造船界同行设计师全权签署和认可所有材料及物品以保证设计的实现。理论上，供应船上的材料和陆地上没什么两样，不过，由于行业的标准，造船及航运又是一个非常国际化、有严格法规和规范的行业，船上的内装五金、材料、灯具、布艺等多需要符合海事的要求。

国产 13.3 万总吨邮轮分段吊装
@中船外高桥造船厂

详细设计流程

　　船舶的详细设计需要从基本设计进行深化，设计深度需要满足：功能性要求、安全性要求、成本控制及船只工艺设定等内容。

　　对于内装设计来说，在收到基本设计图纸之后，设计方需要将设备工程设计和室内设计进行合并对照，船东与造船厂会根据综合后的概念方案进行全面的标准评估、可用性和技术分析，包含成本、技术难点、材料替代等多项内容；之后，设计方根据船东及造船厂意见，更新概念设计形成基于基础设计的成果。

　　基于基础设计，设计师开始室内设计的深化详细阶段设计，绘制立面、大样，定义颜色、材料和细节，完成全部的详细设计成果，提交给船厂设计部，配合机电及工程设计，校验互审交付船东，成为所有商务、分包招标的基础性文件。

　　详细文件批复下发后：a.设计师可以开始进一步的细节工作，深化确定的物料、家具、灯具及艺术品，完成活动家具图册、公共区域装饰性标识图册、艺术品布置图册，应该包含供应商、型号、尺寸、重量、定位信息和其他相关要求；b.船厂或者分包商生产设计（生产设计图纸 Shop Drawing）标准样段，批复后完成样段建造。

　　样段验收后，船厂将所有确认的样段技术要素、节点、构造及材料等完善到最终的生产设计（生产设计图纸 Shop Drawing）。

邮轮室内设计程序图表

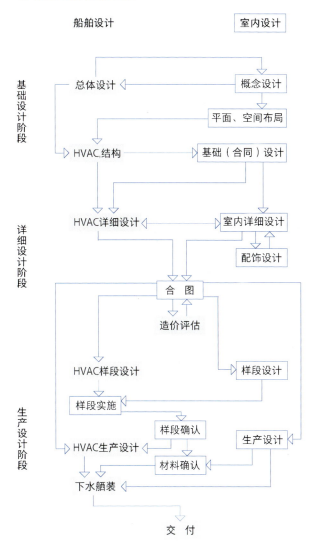

构造｜材料
Tactonic and Material

　　构造，可以理解为依附船体及上层建筑的结构体系对内部表面的建构，不同于小型游艇构造和结构形成整体共同工作，现代邮轮和现代陆地上建筑相同的是，结构和构造完全分开了。构造不需要起结构作用，主要解决的是在海洋环境中运动时，如何让船体结构固定，以及不同材料、形状间的过渡和连接，提供必要的保温、隔声和防震、检修等功能。同时，邮轮上构造的外显部分也是重要的设计内容，是设计理念传递信息的最底层的要素。（这里谈到的构造更多的是和邮轮场景设计有关的构造）

　　可以理解为依附船体及上层建筑的结构体系对内部表面的建构，不同于小型游艇构造和结构形成整体共同工作，基于土木砖石的建筑构造，由于其长久的历史积淀，已转变成一种外在的形式，成为风格的外在体现。虽然建造技术早已不同，但以前建造技术和工艺的外形和躯壳已经成为符号传承下来，新的建造技术并不能直接外化，必须按照约定俗成的样式出现，以便人们的认知和理解。就如同现代建筑早已不是用砖石砌筑了，但建筑外立面还是会使用石材干挂来模拟砌筑的效果，以传递给人们熟知的建造技术信息。虽然造船业和建筑业拥有同样源远流长的发展历史，但造船业作为产业重点不在于结构和构造形式，而在于功能。由于船上的人居环境受客观条件限定，构造大体都是简单、朴素和直接的处理方式。早期邮轮上头等舱一出现，邮轮既没有使用传统的木船工艺，也没有使用早期现代主义机器设计语言，而是很自然地直接借用当时陆地上酒店古典复兴主义设计形式，贴合在钢铁船体的内部，形成船只技术底层之上的人文表皮。可以看出，这里的构造分为两个层级：一是适应船体结构和空间要求的技术性构造，另一面则是适应乘客认知的从属于人文方面的细节构造。在和乘客接触的构造上，现代邮轮的构造多数搬用建筑的细节及做法，限于船上的空间条件、环境特点、实际构造细节，甚至材料本身等，大部分只是造型和视觉上的模拟，给乘客提供相对熟悉及安稳的陆地感受，起到一种文化安慰剂的作用。

　　邮轮和陆地上现代建筑相同的是，结构和构造完全分开了，邮轮构造，从功能上主要解决的是在海洋环境中运动时，如何让船体结构固定，以及不同材料、形状间的过渡和连接，提供必要的保温、隔声和防震、检修等功能。限于其运行环境和节约空间的要求，其构造层面的材料和做法选择都有其特殊性。

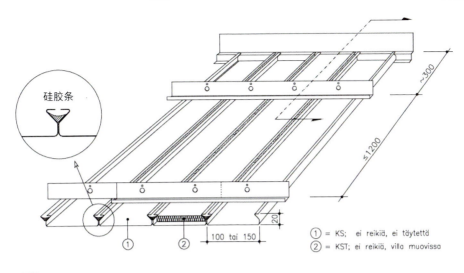

硅胶条

① = KS; ei reikiä, ei täytettä
② = KST; ei reikiä, villa muovissa

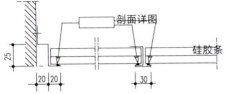

剖面详图

硅胶条

　　船在海面上漂浮，长期处于摇摆的状态，连接脆弱的部位以及可能晃动的部位，都要加强连接防滚，以保安全。船上的家具、灯具多是固定连接的，同时用圆形边角处理，开启活动的部分必须能够锁死固定。此外，由于晃动，材料相互碰撞还会产生各类噪音，要求物件内部以及物件之间的连接处进行防震降噪处理。一个浅显的例子是，舱室内的挂衣架，本身是活动悬挂的，如果采用金属材料，则经常会碰撞发出声音，尤其影响夜间睡眠。以上这些细节，在陆地上进行选材设计时并不会被考虑，而在船上却显得非常重要。

　　邮轮对空间使用效率要求非常高，以便在三维尺寸受限的情况下依然能容纳更多的空间功能。大型邮轮受限于总高度控制，一般住舱层层高为 2.7 米左右，房间内吊顶完成高度大体在 2.4 米左右，而走廊也仅有 2.2 米的高度，船舶的舱室空间无法与建筑室内空间相比，避免不了狭小与压抑。一方面，通过设计形态及材料解决乘客观感、触感，通过组合运用设计技巧尽量调整空间感受；另一方面，需要更为合理地构造利用空间。通过供应商尽量集成压缩构造所需的空间，船上的隔墙厚度不超过 50 毫米，多为岩棉板通过复合式构造集成解决饰面、强度及隔声要求等，结构梁也都预留了洞口，一方面减重，一方面便于管线穿越，而顶部也尽力采用节约空间又便于拆卸和检修的金属扣板吊顶。粘贴类型的构造在船上也非常常见，墙纸、壁布、地毯甚至饰面板等材料，多采用胶黏剂进行连接。即便如此，还必须通过三维建模设计软件合成专业图纸，对空间利用进行仿真模拟，务求最大化利用空间，以保障运营空间的最大化。

邮轮内饰材料特点

1. 材料集成化程度高，甚至成为独立的小型系统，如集成式的卫生间或者隔墙系统。集成的目的是为了节约安装空间，便于品质控制以及快速地施工、安装及维护；成品和集成程度高，便于质量控制及特殊构造的专项开发，这样形成了对有开发能力的大型材料系统的供应商的依赖。

2. 对防火能力的要求高于建筑室内设计的消防要求，但总体类似。

3. 轻量化，为了控制船只总重，所有材料尽可能的轻便。船舶设计中，对各项材料的重量非常敏感，内装材料是整船中一个不可或缺的因素，较重的材料如用量较大，会比较慎重或轻量化处理后使用。

4. 耐用、耐候——对抗严苛复杂的环境。

5. 符合并通过海事及船级社的认证要求。

一种居住舱室的室内地坪构造

©Mapei Marine
　　邮轮地面的基层是钢甲板，首先需要在钢甲板上做敷料垫层，目的是为了进行找平，之后在其上铺设面层材料，如地毯、涂料、防腐木等。

室内地面的构造层次

1- 钢甲板
2- 底漆
3- 垫层
4- 黏合剂
5- 面层地毯

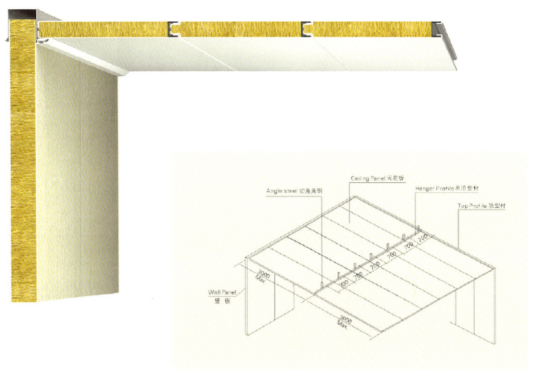

一种天花系统构造图

©华南建材

天花板一般都是由不锈钢或铝合金制成，表面经搪瓷处理或烤漆成各种颜色和图案。居住舱室的吊顶板中间含矿棉、铝蜂窝夹层，具有保温隔热吸声的作用。天花板与上部钢板靠各种吊件型材固定，这些吊件也必须具备防火性能。

具有防火、保温、降噪功能的轻质隔墙

　　相对陆上建筑，邮轮空间格局相对固定，室内
材料的选用变得更为重要。正如材料对于室内设计
的重要性一样，邮轮舱室的材料界面提供给邮轮乘
客最直接的邮轮体验，乘客的视觉、触觉以及味觉
在这里得到相关的信息，这些信息构成了邮轮行程
体验的底层背景信息。材料的选择始于设计概念阶
段，并在整个设计过程中不断地通过效果图、材料
样板甚至样段（Mock-up）来校验和修正。

Pos.	Material	Maker	Colour / Type / Surface	Material Sample
76.006	Ceiling panels		RAL 9010 Pure White Corrosion Protection acc. to AIDAblu	
76.011	Artificial Stone	Corian www.dupont.com	Glacier White	

Pos.	Material	Maker	Colour / Type / Surface	Material Sample
76.046 Calypso Deck	Artificial Stone	Corian www.dupont.com vendor: Hasenkopf www.hasenkopf.de	acc. to design and sample PSD see PSD dwg 161_76_300_01 Colour "Glacier White" with horizontal waves	

材料手册的内页（Specifications）

DNV·GL

Certificate No:
MED-B-9223
Item No:
A.1/3.19
Job Id:
344.1-004406-1

EC TYPE EXAMINATION CERTIFICATE

Application of: Council Directive 96/98/EC of 20 December 1996 on Marine Equipment as amended by directive 2012/32/EU, issued as "Forskrift om Skipsutstyr" by the Norwegian Maritime Directorate. This Certificate is issued by DNV GL under the authority of the Government of the Kingdom of Norway.

This is to certify:

That the Draperies, curtains and other suspended textile materials and films

with type designation(s)
MODERN MDC-α

Issued to
Modern Intech Co., Ltd.
Busan, Republic of Korea

is found to comply with the requirements in the following Regulations/Standards:
Annex A.1, item No. A.1/3.19 and Annex B, Module B in the Directive. SOLAS 74 as amended, Regulation II-2/3, II-2/9 & X/3, 2000 HSC Code 7 and IMO FTP Code

Further details of the equipment and conditions for certification are given overleaf.

Høvik, 2014-08-08
for **DNV GL AS**

Marianne Strand Valderhaug
Head of Department

Notified Body No.: **0575**

DNV GL local office:
Pusan

This Certificate is valid until
2019-08-08

Øyvind Hoff
Surveyor

The Certificate is subject to terms and conditions overleaf. Any significant changes in design or construction of the product, or amendments to the Directive or Standards referenced above may render this Certificate invalid. The product liability rests with the manufacturer or his representative in accordance with Council Directive 96/98/EC, as amended. The Mark of Conformity may only be affixed to the product and a Declaration of Conformity may only be issued when the production/product assessment module referred to in the council directive, is fully complied with.

Form code: MED.Ba   Revision: 2014-05   www.dnvgl.com   Page 1 of 2
© DNV GL 2014. DNV GL and the Horizon Graphic are trademarks of DNV GL AS.

挪威劳氏船级社（DNV·GL）
对一种织物材料的认证证书
©劳氏船级社

Physical 环境物理舒适度
Elements of the Environment

基于游客基本感官的邮轮的舒适性设计包含以下几方面：

温湿度、空气质量、采光及照明、声音及噪声控制、卫生五个方面。

中国船级社 CCS 船舶（含邮轮）的舒适度入级符号（Class Notation）授予，

是基于在船舶设计之初及船只海上试航验收时对振动噪声、温湿度、照度

这三个方面的仪器的实测值来量化评价，是一种可量化的评价方法。

DNV GL、BV、LR、CCS 等主要船级社也分别有类似的邮轮舒适性符号的相关要求。

现代邮轮体量巨大，舒适度要求高，不能仅靠自然风压及机械送排风来解决舒适度的问题。其温度控制和调节与陆地上的建筑一样，也是通过主动能量导入（空调或暖气系统）来维持乘客对温度的舒适性的要求；同时通过保温绝热层包围必要区域，最大限度地利用环境能量，控制热量的获取或流失；另一方面发动机、发电机等邮轮设备、厨房设备、照明设备、人流聚集的空间都会产生热量，更需要的是散热。运行在热带的大型邮轮和运行在极地环境的探险邮轮显然需要的设备工况会有所不同。高湿度会降低蒸发速率。为了使人感到舒适，相对湿度应在 40%—70% 之间。除空调系统外，船上还设有新风系统，给所有空间输送新鲜空气，特别是大型人群聚集的空间和位于船体里侧没有对外开窗的内舱房。实际上，邮轮即便完全不开窗，其室内空气的质量也是可以通过新风系统持续换气来保证。

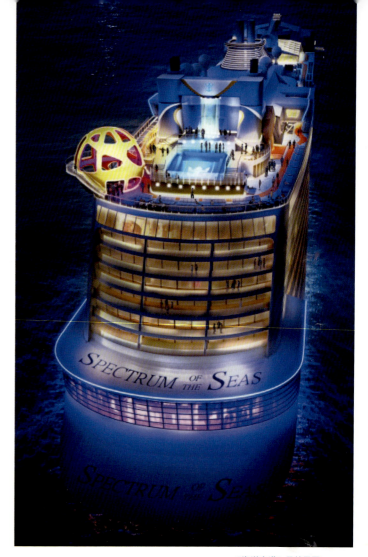

　　噪声的控制和隔绝在邮轮上是关乎游客体验的重要因素。声波是介质，包括气体、液体或固体中分子的物理扰动，剧场及部分大空间当然也需要声场控制设计，不过由于邮轮上有大量的动力设备和娱乐设备，而通过空间距离对振动和噪声控制和隔绝比较困难。也正是由于这些特殊性和控制难度，振动噪声控制甚至超过温度、视觉、光学、人体工程学等设计，成为邮轮上最有权重的舒适性指标。

　　在邮轮里，我们会同时经历声音和振动。邮轮振动噪声源繁多、噪声强度大、频谱成分复杂，主要有主机等设备的振动噪声、螺旋桨空泡噪声、通风系统进排气噪声、娱乐设施噪声等。噪声主要通过空气介质和船体结构两种途径传递。噪声和振动控制首先是对源头的控制，降低螺旋桨脉动压力和轴承力设计，通风管理系统低噪声设计等。比如现代大型邮轮普遍采用安装在船体之外的电驱动吊舱式推进系统，比重油发动机通过传动机构驱动螺旋桨的系统噪声和振动都大幅降低。另一方面，噪声源的噪声和振动可以通过船体结构与激励源避开共振来进行噪声控制，通过阻尼敷层、浮动地板等达成吸声、隔声、消声、隔振来隔离噪声和振动，空间与主体结构由一系列声学隔离器（减震器）组成。声音分离结构使用柔性材料（如橡胶或氯丁橡胶垫片），使声音传播的同时防止低频振动。

　　邮轮上空气传播的噪声主要采用吸收的方法来处理，舱室声音感觉（声学）取决于房间的大小以及包裹和过滤房间的材料。多孔材料和基材（例如地毯、窗帘和矿棉纤维）会使声波遇阻或消失。

"海洋光谱"号的主餐厅

©Royal Caribbean International

　　"海洋光谱"号主餐厅的蓝光穹顶与 DNA 的组合，仿佛具有大海深处的气息，这种线性流的轻艺术雕塑，从三层的顶部下垂进入主餐厅空间，同时它可以沿着垂直轴线缓慢旋转，展现出独特的造型，控制了整个空间的气氛。复杂的几何形状和金色的帘线，形成了第二表面，其轮廓柔和且有趣地与主体相呼应。从远处看，帘线的外观是微妙的，只有在近处看时，它的复杂形式才会变得更加清晰。

照明被称为空间的第四维度。进入 20 世纪 90 年代以来，照明设计作为一个独立专业渐渐地被建筑及室内设计所接受，伴随人工光源及照明方式的发展，设计师与宾客对空间光环境的认识与需求也与日俱增。

邮轮显然会最大限度地利用日光，既促进乘客的身心健康，又节约能源。位于上层建筑的阳台房基本都是玻璃落地门窗，顶部甲板也会采用可开启的玻璃天棚系统，在保证内部环境舒适性的前提下尽量利用天光。自然采光有两个独立的组成部分：直射日光和漫射光，海上比陆地上大气透明度高，无论直射阳光还是大气层和水面漫射光都会更强烈。一个房间的整体日光因子由三个部分组成：天空部分、外部反射部分和内部反射组件。此外，还需要考虑控制日光的进入量，以便控制室内温度，达到节能目的。

无论陆上酒店还是邮轮空间，首要考虑的是功能层次的照明设计，与光源物理指标和特性有关（照度、显色性、色温与眩光等），它是一种即刻的视觉效应，是人们对空间整体光环境瞬间的喜欢或者厌恶的直观感受。同时，设计之初要重点考虑以下几点因素：空间环境的色彩、形态和材料；而空间中的光分布设计主要涉及光源的选择、光的方向与位置，灯具的显色性、色温与照度，眩光的控制以及时间因素等。

邮轮对照明灯具有一定的特殊要求及限定。邮轮的照明并非仅是满足照度即可的设计，针对空间中的行为照明设计，应该考虑几个方面：通过对邮轮的空间特征、受众行为及文化特征，来定义空间的各种照明功能与需求。一般豪华邮轮的主餐厅大都采用西餐模式，众所周知，西餐厅的灯光环境整体柔和，不过于明亮，多采用点光源照明。在较大的空间内通过灯光的明暗处理，可以使用餐宾客保持合适的心理距离，同时，较为昏暗的灯光环境也会让人安静平和。

结合设计的整体理念，共同构成视觉、意识、情绪和知觉的理念传递是更高级照明设计，也只有这个层次的设计才能使人的体验、思想和情感相互交融。该层次最容易随着文化、经验、品牌和个体差异的不同而变化，因此邮轮空间照明设计要注重的是邮轮的环境、品牌文化以及娱乐化的本质体验。诠释、意会、推理都来自认知层面的设计，也就是我们常说的"最直接的体验化设计环节"。

中国船级社（CCS）《邮轮规范》有关邮轮温度、湿度、噪声控制及照明等的要求

不同处所的室内温度（℃）湿度（%）要求

位置	室外温度(℃)	室内温度(℃)			相对湿度(%)		
		C3	C4	C5	C3	C4	C5
区域 （如乘客舱室等生活区域）	15及以下	20	22	24	<65	20-60	30-60
医务室	40及以下	26	25	24			
短期逗留区域 （如会议室、餐饮处所、购物处所等公共区域）	15及以下	19	21	23			
	40及以下	27	26	25			

乘客处所允许的最大噪声量级 (dB[A]) 与乘客处所允许的最大振动量级 (mm/s)

位置	噪声量级(dB[A])			振动量级(mm/s)		
	C3	C4	C5	C3	C4	C5
乘客舱室	52	49	3.0	2.0	2.0	1.5
乘客公共处所	60	58	55	3.0	2.0	1.5
露天甲板休闲处所	68	65	3.5	2.7	2.7	2.0

部分乘客处所室内照明水平

处所	照明水平（Lux）
舱室通用照明	150
阅读、书写	500
舱室客厅/休闲区域	200
餐厅、自助餐厅	200
游泳池（通用照明）	300
医务室、药房	500
淋浴	150
卫生间	200
睡眠期间照明	<30
舞厅	100
游艺厅	200
手术台	750

① 噪声量级：系指根据 ISO2923(1996) 测得的等效连续 A 加权声压级。

② 振动量级：系指根据 ISO6954(2000) 定义的在 1 ~ 80Hz 频率范围内的频率加权振动速度有效值。

模拟｜仿真
Model Simulation

模型在这里并不仅是指建筑物、船只缩小比例的三维模型。
模型的含义是为帮助专业人士通过各种比喻来说明问题，促进理解。
有时没有模型就不易说明问题也无法理解问题。
文艺复兴时期著名的建筑师布鲁奈涅斯基，
将鸡蛋磕破竖起来来模拟他为佛罗伦萨圣母百花大教堂的穹顶设计的方案，
是非常好的模型帮助设计的理解和归纳的案例。

模型是一种复杂的类比，是其使用人用来表达某一事物的结构的。我们经常用模型 (model)、类比 (analogies)、映射 (mapping)、仿真 (simulation) 等词汇来描述，这些词汇似有区别但共同之处更多。可以暂时把类比看为存在于使用比喻的人尚未注意到他们之前，当需要表达某种问题时，探索周围而发觉某一比喻能很恰当地说明某一概念。大部分时候比喻需要以模型去阐述自己想法的人去创造，而仿真一般会更多地基于数据性，设计人不必去真正地制作实物，而是运用仿真物来操作自己的概念验证之后，再转换成实物。通过视觉的各种方法从不同层面传递、表达和验证邮轮的设计，是非常重要的工作。设计草图、真实的表现图、模型、样舱都是模拟。真实的仿真会对非专业人士产生更大的吸引力，即便表现图纸并没有包含更多的技术性信息，对于理解一个设计项目也非常重要。技术性的仿真，对于提前以较小的代价验证和评估船舶设计的性能是越来越重要的应用。需要注意的是，正如符号学家索绪尔[①] (Saussure,1906) 指出的语言传递信息中，由于这种指代结构而产生的局限性，建立模型去说明某一问题时，因为有所概括也就一定会失真，因为

任何类比，类比物、映象、模型、模拟等与所代表的原物之间的关系不可能一一对应【55】。

现代创意设计的进展需要通过各种工具输入，表现变为视觉图像或者模型来推进，现代的艺术设计，通过视觉仿真来模拟验证设计早已是常规的方法。邮轮舱室设计和室内设计师一样通过手绘草图及透视图来仿真验证设计及造型。现在则主要通过渲染器和渲染插件，对前期三维模型设计资料进行实时或单帧的场景渲染工作，明确反映产品造型、颜色、材质等外观要素，使更多人能够理解设计的意图，对于设计者来说，也是对想象的一种验证。

① 费尔迪南·德·索绪尔（Ferdinand de Saussure，1857-1913），瑞士作家、语言学家。公认的结构主义的创始人，符号学理论的奠基者。

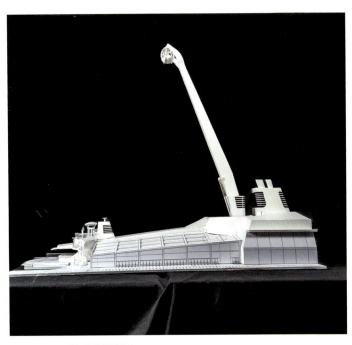

邮轮内装设计前期所需图纸为设计师构思类型的表现图，主要用于呈现基本的设计理念和空间感受，邮轮行业通行使用概念类型的草图结合材料样板进行设计沟通，而不必绘制专门的效果图，而设计效果更多地使用材料样板，同时以设计阶段不断地多次反复审核和检查为主要的方法，从现实结果看显然是可以满意的。不过由于市场以及网络的运用，邮轮设计通过数字建模渲染完成 JPG 等主流图片文件格式的文件也变得比较流行，但并非是传达给船东和运营方及生产承包方的直接参考和验收依据。通常在效果图完成后，还可以借由渲染器自带的功能制作成演示视频，甚至后期的虚拟空间漫游等功能以配合市场推广。如果条件具备，还可以通过某些渲染器将整体模型输出为 VR（虚拟现实技术）[2]格式或 AR（现实增强技术）[3]格式文件以供观看、检验以及试运行。

"海洋量子" 号北极星的模型研究

② VR（Virtual Reality）就是虚拟现实。人们戴上立体眼镜、数据手套等特制的传感设备，置身于一个三维的模拟现实，并可以通过虚拟现实设备进行信息交互。

③ AR（Augmented Reality）是指增强虚拟现实技术，通过实时地计算摄影机影像的位置信息，并叠加其他图像或信息的技术，将真实世界和虚拟世界合成的技术，使得虚拟世界可以通过屏幕实时地和现实世界交互。

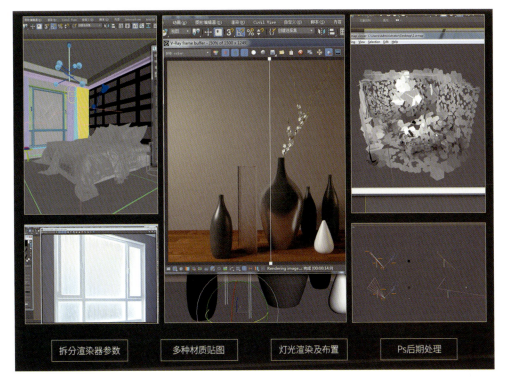

渲染器界面

设计软件
Software

与建筑行业相比，船舶工业信息化程度更高。邮轮设计中已经广泛、系统地使用计算机及相关软件进行全方位的设计辅助、数据信息管理及加工制造。软件系统与物流以及管理密不可分，设计、制造加工、管理辅助软件的应用是一个完整体系。邮轮设计工具软件是贯穿于整体设计程序中，并延伸到加工、建造和运维的重要介质，可以说，没有完整的软件系统搭建，整体的设计制造工作寸步难行。邮轮的室内设计工作由于其面对的工作在整体邮轮工作中的比重大，同时又是各专业交汇的界面，与其他设计专业以及运营广泛关联，限制条件更加复杂，对不同设计软件的配合要求问题也更显突出。

软件是工具，设计软件在概念创意阶段主要解决人—机输入的便利性问题，解决手眼及计算机界面的协作和便捷操作的问题。更多地在手眼协调，所见即所得等易用性、即时性上下功夫，同时配合设计思维，更多的保留设计延展和发展的可能性。而在邮轮的设计项目深化阶段，是从设计思维进入系统思维的模式，主要解决团队工作协同，数据同步更新的问题，通过设计软件解决空间、时间以及多人同时工作的效率，以及从设计创意软件到全系统建模的软件衔接的问题，回到人—人协同。在加工制造阶段，软件需要解决的重点回到人—机—人上，主要是对数字控制的机械、仓储以及物流的控制和更新的工作内容，可以明显看出，全过程需要不同的软件协助设计工作，在不同阶段侧重解决不同问题。

当前各类设计工具软件的出现有效地提高了设计师的工作效率和设计生产配合的效率。在建筑设计、机械设计、室内设计、工业设计等行业已被广泛运用。各软件由于自身开发目的和侧重点的不同，优势功能也不尽相同。输出文件格式、兼容性同样是需要讨论的问题，而邮轮设计是一个专业涵盖面极广、复杂程度极高的系统工程。为保证系统中的每个环节可靠可控，一套合理可靠的设计工具软件系统是必要的，甚至可以说一套合理实用的软件系统是工作效率的基础保证。

这个系统需要的软件应该具备以下特点：
1. 具备开放性，能形成完整功能闭环，操作系统兼容性良好；
2. 能够胜任不同阶段需要解决的设计协作问题；
3. 适合船舶行业的特点（曲面编辑），可以安装需要的专项插件，方便后续升级拓展。

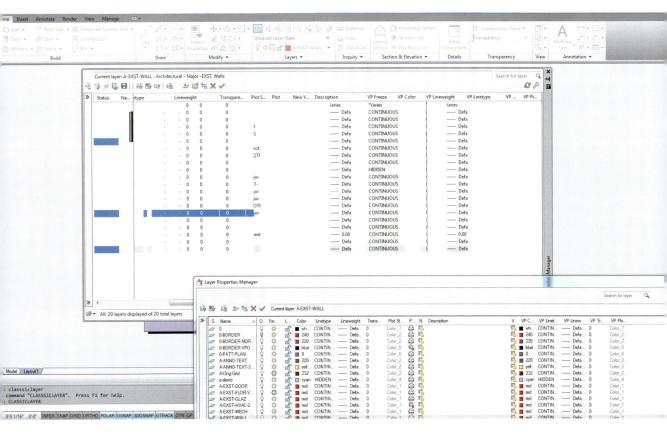

结合船舶设计、建筑设计、室内设计、机械设计、工业设计生产工作中的现有经验，针对具体问题进行优化，从而得出一套针对邮轮内装的工具软件配合体系以供参考。从右侧系统流程图中可以看到，目前体系中涉及的较多的软件为 AutoCAD[①]、Rhino[②] 和 Smartplant3D[③]，当然也可以根据不同情况和工作习惯选用。

其中 AutoCAD 作为建筑室内设计行业主要的软件，邮轮室内设计的基础资料都基本是 AutoCAD 资料文件进行输入和输出的。Rhino 或 3dmax 作为读取资料文件并进行具体 3D 模型制作编辑的核心平台进行室内设计创意及仿真，Smartplant3D 作为整合所输出的 3D 模型录入并接入工程设计管理系统。进行全船建模模拟验证以及加工制造，并作为运维的基础系统。基于以上三种软件，满足了从设计资料输入、设计资料加工、设计资料整合到设计资料输出的设计系统闭环。经过实际设计生产经验验证，

此三种软件之间可以做到统一格式文件信息无损坏传输，满足了兼容性和统一输出格式的核心需求。

① AutoCAD（Autodesk Computer Aided Design）是 Autodesk 公司开发的计算机辅助设计通用软件。

② Rhino 是美国 Robert McNeel & Assoc 开发的 PC 端专业 3D 造型软件，广泛地应用于三维动画制作、工业制造、科学研究以及机械设计等领域。

③ SmartPlant 3D 是由 INTERGRAPH 工业和信息管理软件公司推出的三维生产设计软件系统。

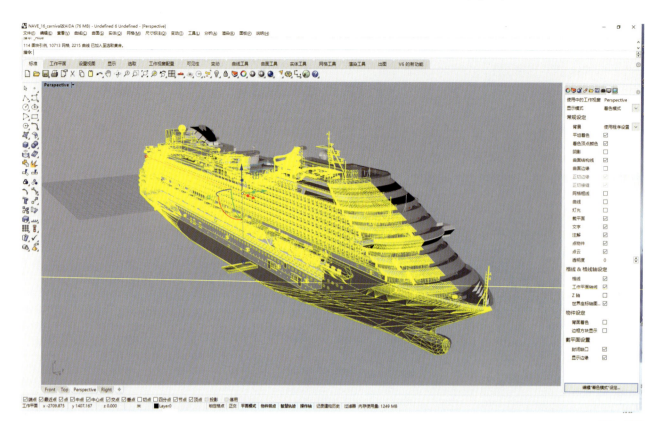

Rhino 界面

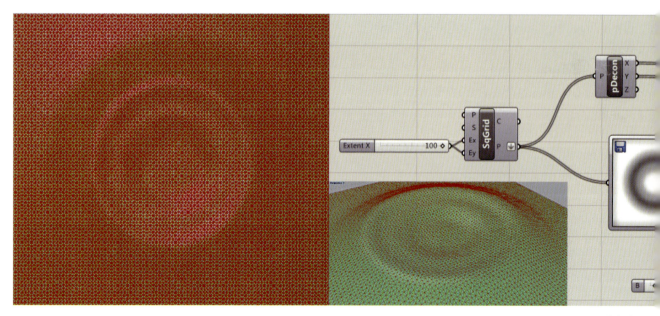

Rhino 与插件

基于计算机技术的模拟仿真应用于设计模拟仿真和可视化，但主要发展不限于对设计外形层面的视觉仿真模拟。自计算机模拟仿真技术诞生起，算法（Algorithms）就已成为各类软件竞争的核心，革命性的算法和数学理论对软件性能的显著提升有目共睹。以前算法偏向于关注优化制图和三维参数编辑能力，模拟人员流动、家具影响分析，制定规则后，智能生成平面布局，通过进一步优化设计师的工作成果，将原本繁复无趣却必不可少的工作，通过算法得到优于人工操作的工作成果，对于提升用户体验显然有很大的帮助，同时也大幅提升效率。例如SMARTFIRE软件可以通过算法进行火灾仿真模拟，同时模拟出人员动线，从而将火灾情况清晰透明地展现出来，或者对邮轮上可能的疫情扩散进行模拟仿真，这些模拟和评估对于邮轮设计和建造也是至关重要的。

在完成全船空调通风系统设计与计算后，可在局部空间或者部件级设备通风效率上通过CFD（计算流体力学）软件对通风量、风速、室内压力分布、温湿度分布、进风口和出风口等的布置和尺寸进行气流组织优化设计，降低空气流阻，从而提高通风效率，降低能耗，同时兼顾乘客的舒适性。船上空间更为紧凑，在邮轮整体高度受控制的情况下，竖向空间需要利用得更为充分，才能保证生活居住空间的净高度，自"伊丽莎白女王"号下水为起始点，现代邮轮设计对船体结构及机电系统进行高度整合，所有管线均是通过结构钢梁上预留的洞口来布局以节约空间的，管线的布局及管线间的交叉非常频繁，还须要保持检修可能，考虑到空间的体量和复杂的程度，目前邮轮的设计采用专用三维建模软件，如鹰图的Smart3D，自动检查其管线和结构的综合冲突的情况，节约了设计工作时间，提升了效率，又保证了准确度。下图为一空调通风风机出口消声器CFD计算结果速度云图。

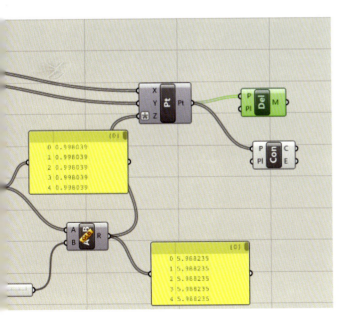

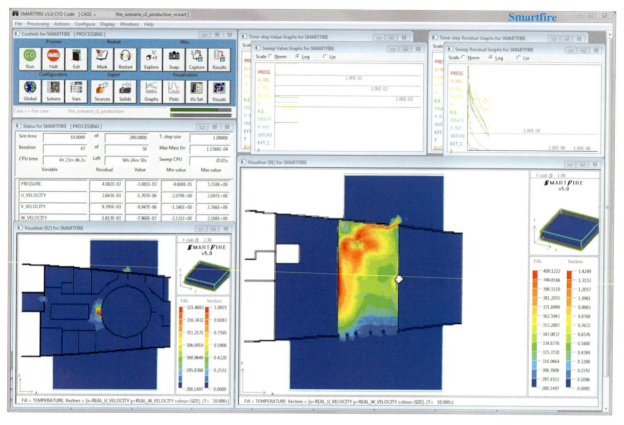

Smart fire 软件火灾烟雾模拟 (1)

©University of Greenwich

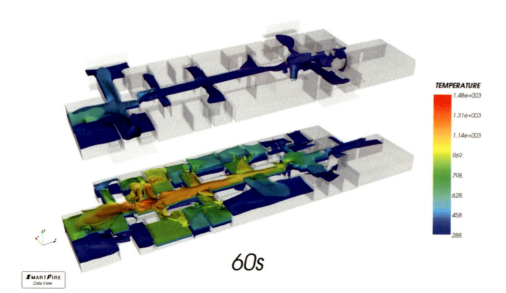

Smart fire 软件火灾烟雾模拟 (2)

©University of Greenwich

60s 模拟着火的情况

Smartfire

　　邮轮设计中，防火安全也是重中之重，因此一款建立火灾模型以进行可视化设计分析的软件对于防火安全和消防安全的帮助是巨大的。SMARTFIRE 建模软件是由英国格林尼治大学 - 建筑学计算机与人类系的火灾安全工程小组（FSEG）开发的，目前广泛应用于海事、隧道、建筑公共空间的火灾及烟雾建模模拟分析，从而优化防火和消防设计。此软件不光可以模拟出火灾蔓延状态和烟雾蔓延状态，还可以设定人员流动基数模型，以预测人群遭遇火灾时的反应，帮助建筑师和设计师发现并解决火灾安全隐患。

　　照明系统作为船舶的重要组成部分，不但关系到船舶安全，还是船舶舒适度影响因素之一。不同船级社的照度入级符号不同，如 ABS（美国运输局）的照度入级要求已包含在船舶舒适性符号 HAB 中。对于局部大空间或者对照度控制要求高的空间可以借助 DIALux [1]、Relux [2]、Calculux [3] 等照度计算软件进行照度仿真计算和优化。下图为照度计算软件仿真模拟结果照度云图。

[1] DIALux 自 1994 年由 DIAL（德国应用照明技术研究机构）进行开发，为照明设计和楼宇自动化领域提供支持，是全球照明设计领域的领导软件。

[2] Relux 由 RELUX Informatik AG, Switzerland（瑞士）开发，可以实时模拟光线，计算绝对数值，同步国际和各国标准并适配于 CAD 和 BIM 系统的照明模拟计算软件。

[3] Calculux 是由 Philips 照明设计和应用中心（LiDAC）为个人电脑端开发的照明模拟设计软件，其中面向三方面：室内，场馆区域和道路，同时包含照明数据库工程管理模块。

Light Star 照度计算软件

公约 | 规范
Rule Regulation

船舶行业历史悠长，法规和标准不断迭代、更新和改进，形成了详实、全面、明确，并为国际社会接受的通则。尽管公海航行的范围不受限制，船只需要遵守的规则和限定反而更多，涉及人的安全的邮轮在设计上执行的是包括国际海事组织（IMO）[1] 和各个国家和地区，以及不同的船级社制定的最严格的规范。邮轮设计之初就要对不同船级社、机构及地区政府的相关规定、标准以及规范进行选择，之后就其设计成果和选择的相关监管机构主要是船级社，做了沟通、咨询、审核、批准及监造的工作。邮轮下水之后，每年还有可能接受几十次各类安全检查，能通过这些检查，不仅是要求设计合规，也牵扯到对运营的一系列要求。

国际通行的规定
International Rules

目前和邮轮制造有关的公约简单来说主要包括《1974 年国际海上人命安全公约（ SOLAS74 ）》《73/78 防污公约（ MARPOL 73/78 ）》[2]。1912 年，"泰坦尼克"号沉没之后，为了提高海上人命安全保证，成立了以 SOLAS（海上生命安全）公约为基础的组织，而 1967 年的"托里峡谷"号油轮的原油泄漏事故，促使《防止船舶污染国际公约》（ MARPOL ）的制定。一个涉及船舶安全，另一个涉及环境保护。绝大部分海事规范、条例主要涉及的是船只结构、防火、安全航行、卫生、防疫等船只及人的基本安全保障，但也有涉及乘客舒适性体验的条文。由于海上运输的国际属性和重要性，1959 年，联合国下设机构"国际海事组织"（IMO）开始接手运行工作，IMO 通过其下设的 5 个委员会具体制定相应的规则条文，如 SOLAS 就是由 IMO 下设的 MSC 委员会[3]具体执行。

[1] "国际海事组织（IMO）"作为联合国特别机构，其使命是通过合作促进航运安全，环保，高效和可持续。使命的实现有赖于采取最高的可行的且统一的标准，这些标准主要包括海上安全、航海效能，船舶污染防控，对相关法律问题和 IMO 文件的有效实施。该组织最早成立于 1959 年 1 月 6 日，理事会共有 40 名成员，分为 A、B、C 三类。其中 10 个 A 类理事均为航运大国，1989 年中国当选为 A 类理事国并连任至今。

[2] MARPOL（International Convention for the Prevention of Pollution from Ships），国际防止船舶造成污染公约是为保护海洋环境，阻止和减少正常和意外情况下船只对海洋的污染，包含：油污、散装有毒液体运输、危险物品运输、废水、垃圾、空气排放污染等 6 个子项。

[3] 海上安全委员会（MSC）是 IMO 的最高技术机构。它由 IMO 所有成员国组成。海上安全委员会负责船只上所有有关导航设备，海事建筑和设备一切技术标准。

简单说来上述几乎所有的规范、标准都基本由国际船级社协会（IACS）认可的船级社来协助执行，同时各个船级社也根据上述国际通行的规则和约定，细化了各自的规范，船东及船厂在按照规范及规则设计、建造之后，和船旗国及船级社相关约束条件一致的情况下，就可以入级了。船级社最早是帮助鉴定船只的船况，并分级以便制订相应的保险方案，沿用至今已演变成按船级社的规范要求设计制造，检验合格就可以入级。国际船级社协会（IACS）由12 个全球主要船级社组成，在 IACS 成员入级的船只占全球船只的 90% 以上。2011 年克罗地亚加入，2012 年 12 月挪威船级社（DNV）与德国劳氏船级社（Germanischer Lloyd）合并成立新公司 DNV GL，之后 IACS 就变成 11 个成员了。

船舶必须在船旗国或地区注册，船旗国允许船舶悬挂其旗帜并属于其"舰队"。当局允许在其管辖范围内航行，同时必须在船尾标出已登记船舶的港口。邮轮注册所在的国家或船旗国必须确保所注册的船舶符合所有国际要求。船旗国还会定期检查船舶，以确保符合国际和船旗国的要求。

国际船级社协会（IACS）会员社名单

美国运输局（ABS）

法国船检局（BV）

中国船级社（CCS）

克罗地亚船舶登记局（CRS）

挪威劳氏（DNV GL）

印度注册局（IRS）

韩国船级社（KR）

英国劳氏船级社（LR）

日本海事协会（NKK）

波兰船舶登记局（PRS）

意大利船级社（RINA）

俄罗斯船舶海事登记局（RS）

随着社会变迁，许多船级社都转型为一种更为宽泛的工程 / 技术 / 安全等的咨询服务和认证机构，不过虽然各国船级社名称、背景和发展路径、技术水准、服务范围各不相同，但对于船舶设计建造方面的服务基本上还以入级认证、技术咨询、检验和培训为主体。船舶都是根据船东所选择的船级社的规章制度设计、建造，船级社会根据 IMO 以及自身制定的安全和环境设计建造规则严格审核审批设计图纸，并全过程检查造船工程，审核有关材料的强度、质量和检查复合建造工艺。在船只建造完成验收后，签发船级证书，并在其后五年有效期内，每年进行指定内容的检查并签注。船级证书是承保人为船舶提供保险的基础，证书未能签注，则该证书不再有效，船只将不允许离开港口。船级社还代表船旗国、邮轮船东、保险公司和其他海事界成员进行检查，以确保船舶符合适用的标准并负责任地进行管理。船级社也签发了法定证书，但仅代表主管机关。

英国劳氏船级社网站上的服务内容

（https://www.lr.org/en/who-we-are/）

地方及国家制定的规范
Local Regulations

另一部分是由地方及国家制定的规定标准，主要涉及人员安全、卫生防疫、健康以及环境保护要求。

邮轮到访的任何国家或地区都有充分的权限来确保其遵守国际、国家和地方法规。具体来说，港口会检查并强制遵守适用的国际和国内法律和法规。

由于美国是世界邮轮旅游的最大客源地和市场，同时也是邮轮法律制度相对比较完善的国家，进入美国可航水域的外国船，除必须遵守各种国际公约及规则外，还应符合美国海岸警卫队（USCG）、海事管理局、联邦海事委员会等机构的有关规定，这些规定载于 CFR《美国联邦政府法规》的有关篇章中。与船舶设计和建造有关的 USCG 的规则要求列于美国《联邦政府法规》（Code of Federal Regulations, CFR）中。CFR 是美国联邦政府各行政部门和机构所出版的一部全面的永久性规则的编纂。美国疾病控制与预防中心（CDC）也专门就客运船只制订了 VSP 计划，定期检查进入美国境内的邮轮卫生情况并进行量化评价。美国海岸警卫队（United States of Coast Guard, USCG）是美国政府授权对船舶执行法定检验的主要主管机关，成为美国海上唯一的综合执法机构，与美国海事海商法律委员会、美国国家运输安全委员会等部门一起，共同实现对邮轮行业的性质监管。美国疾病控制与预防中心（CDC）和环境保护局（EPA）等机构也拥有充分的权力来监管进出美国港口的船舶。

邮轮公司虽然全球都有航线，但美国是绝不可能忽略的市场，邮轮的设计一般都会将美国的国家标准纳入设计标准来执行。欧盟也参考制订了相应的欧盟船舶卫生一体化计划 EU SHIPSAN ACT（2013—2016）。SHIPSAN ACT 不仅涉及检查、培训和监督，还考虑了工作人员的职业健康风险和其他健康威胁，以及建立通信网络和信息系统，最终目标是建立一个适用于欧洲邮轮业的全面和实用的卫生计划，减少与海上运输有关的健康威胁。

国际标准和地区标准虽然繁杂，但有很多的重叠部分，需要根据具体的个案情况进行理解和选择，并作为设计的标准来执行。

中国《邮轮规范》的消防要求

中国船级社（CCS）的《邮轮规范》对火灾的防、探、灭均明确了相关要求。例如，《邮轮规范》规定在邮轮的高大空间和扁平大空间，需采取有效的烟气控制措施（如设置挡烟垂壁等）防止热烟气上升过程中，由于温度下降导致烟气不能到达处所顶部而无法排出。

例如，影剧院等类似高大空间，应位于"A"级分隔组成的围蔽之中。其中舱壁的耐火等级应满足 SOLAS 公约第 II-2/9.2.2 条表 9.1 和 9.3 有关中庭的适用要求，甲板的耐火等级应满足 SOLAS 公约第 II-2/9.2.2 条表 9.2 和 9.4 有关中庭的适用要求。若 CCS 认为有必要，例如对于设有未限制失火危险的家具和陈设的影剧院、餐厅或舞厅，当同一时间聚集人数超过 50 人时，或处所内任何一点至最近安全出口的直线距离大于 30 米时，该处所还应进行火灾场景下的人员安全撤离分析。

"威尼斯"号邮轮舱房走廊上的常开防火门

标准化 | 订制化
Standardization or Customization

船的设计和制造一直是在标准化和订制化的双重轨道上运行，

面向制造和组装的邮轮设计的核心是基于模块化提供的效率、经济性、质量、环境友好等特性，

而面向消费市场的用户则是标准和个性化订制兼顾，订制和标准的交互更为频繁。

"将技术模块化可以更好地预防不可预见的变动，同时还简化了设计过程。

但只有被反复使用且使用次数足够多时，才值得付出代价将技术分割成功能单元。" 【56】

品牌原型和平台化生产
Prototype And Platform Production

邮轮一直是采用订制化的方式进行生产的，即便是同级的邮轮也从来没有两条邮轮是一模一样的。"泰坦尼克"号同级共有三条船，北德意志劳埃德公司的"不来梅"号和"欧罗巴"号也是同级船，现代的皇家加勒比的"绿洲"级别的邮轮有四条，同级别的每一艘邮轮至少其内部的室内设计都是独立完成，从不是复制生产，这个传统保持至今。

船东通过品牌文化进行的同型邮轮的原型设计的标准化开发，相对节省了重新设计每一个项目的时间；同时对一个原型的测试也能够收集更多的客户的反应，便于将项目调整升级到更好的版本。这也是国际酒店集团常见的做法之一，即定期开发标准的酒店产品并把它复制推广到全球市场，同时这样的方式在餐饮、汽车销售等行业也屡见不鲜。按照"千篇一律"的方式推广，节约了时间、经费预算等，以保证一定标准的质量和体验。从用户体验来说是"麦当劳化"的，强调同质化、标准化、高效率，提供"一致性""无风险"为标准的产品化体验，具有大众"狂欢运动的意味"。

原型系统主宰的标准化必须提供适应各种不同市场的灵活性，这也意味着品牌理念的相同，但具体的设计还是不同的，并根据不同的区域和客群改变设计。同时对于邮轮常旅客来说，往往会选择乘坐不同的邮轮以追求不同的体验。对于邮轮来说，这主要是通过邮轮的室内设计来实现的，其标准化主要是通用一致的总布置，通过后续灵活的室内设计改变了整个外观。邮轮体验既需要产品化的标准以保证基本的品质，也需要一定的灵活性以提升用户体验。大型邮轮试图通过令人眼花缭乱的设施、功能空间以及更多的娱乐项目来满足乘客个性化的需求，是典型的"迪士尼化"，强调的是带入式的体验感、多样性和差异性，以及"个性化""互动性"，具有短暂、不连续和偶然的后现代主义快速的"品位或时尚的流变"。

邮轮船型设计大体上是基于上一代船型进行改进和调整，类似量产汽车"垂直型号同质化"①方式【57】，从一个基础船型起始，每一条船都做改进及升级换代发展。一款船型最多的时候生产十几条船，嘉年华集团从上个世纪 90 年代起，采用平台化②的生产方法，在新型的十万吨级的 Destiny 船型设计完成后，交付给旗下嘉年华和歌诗达两品牌使用，在船只大结构相同的情况下，采用不同的室内设计和内饰风格来面对不同的市场需求。统一船型级别显然带来了在设计制造的成熟性、通用性以及周期、成本等多方面的优势，这一策略在商业上是成功的。2016 年，嘉年华将 13.5 万吨的 Vista 船型扩展应用到歌诗达以及嘉年华两个品牌的邮轮，2019 年下水的爱达"诺瓦"号和嘉年华"狂欢节"号以及 2021 年下水的歌诗达"Toscana"号则全部是基于全新的 18.39 万吨 Excellence-Helios 级的船型。

正如后旅游时代对认知体验和成就感诉求，作为对上述大型邮轮补充，以"成就感"大于体验感为价值追求，偏向个人、伴有精神意味的不可替代的体验。3—5 万吨的小型邮轮，其现代设计风格和传递出的品位和大型邮轮的后现代风格完全不同，更有甚者可能转而追求极致航海体验，参与极地邮轮探险，甚至完全谈不上舒适的传统帆船航海运动，去体会 200 年前跨洋航行的移民们所要忍受的逼狭的生活空间和短缺的物质供给，应对海洋上各种不确定的风险和重体力劳作，成为后旅游时代的一种风尚。

① 汽车品牌下不同的车系、规格车型被统一到一种延续变化的、有连续性的能够识别的设计系统风格中。

② 在一个基本船体构架平台上生产出空间外形功能都不尽相同的船型。

	福特化生产	后福特化生产
	同质统一标准的产品的大批量化生产	多种类的小批量弹性生产
生产过程	资源性生产	需求驱动型生产
	纵向横向一体化生产	纵向一体分包制
	执行单项任务	多项任务
劳动力	工作高度专门化	消除工作界限划分
	纵向劳力组织	更多的横向劳力组织
	功能空间的专门化	空间的集群与集聚
空间	劳动力的空间划分	空间整合
	地区性劳力市场同质化	劳力市场多样化
	耐用消费品的大众化消费：消费社会	个性化消费："雅皮士"文化
意识形态	现代主义	后现代主义
	社会化	个性化
		景观社会
外在形态	常规/固定/集中	非常规/灵活/分散
	补助性质的国家区域	企业性质的地区城市
	以国家为政策范围	以地域为政策范围

表格改编自斯温格多夫描述的福特主义与灵活积累之间的对比

©carnet-maritime.com

2010 年新的"法国"号概念设计是打破丑陋的千篇一律的现代邮轮鞋盒外形的有益尝试。240 米长，搭载 500 名乘客，两个气势恢宏的上层建筑借鉴了旧式班轮的烟筒造型和颜色。船体强调线条，船鼻挺直，让人联想到法国大西洋运输公司的班轮。

嘉年华平行型号船型的基本信息比较

（信息来源公开网络）

船 型 Ship tipe	Carnival Destiny	Carnival Vista	Costa Venizia
下水时间 Launch time	1996	2016	2018
注册总吨 Gross registered tonnage	101,509 GRT	133,596 GRT	135,500 GRT
型长 Length	272 m	323.5m	323.63m
型宽 Beam	35.5 m	37.2m	37.2m
船速 Speed	20 kn	18 knots	18 knots
造船厂 Shipyard	Fincantieri	Fincantieri	Fincantieri
最大乘客数 Max persons onboard	4,400	6,448	6,448
内舱房 Inside cabins	519	709	814
海景房 Outside cabins	326	289	287
阳台房 Cabins with balcony	423	873	969
套房 Suites	48	71	34
总舱房数 Passenger cabins	1,321	1,967	2,104
外舱房比 Outside cabins ratio	61%	64%	61%
阳台房比 Balcony cabins ratio	36%	48%	46%

2016 年的 Vista 级船型是基于嘉年华 1996 年的 Destiny 船型改进而来的，通过对比研究可以看出 Vista 船型的总布置就是 Destiny 级加长、加高版本，而船在宽度上变化不大。Vista 相对 Destiny 船型加长了 50 米并增加了一层舱房区域，供游客使用的邮轮层数从 12 层增加到 13 层，增加了载客数量。最顶层前部是供成年人使用阳光浴的平台。

　　制造歌诗达"Toscana"的意大利船厂芬坎蒂尼（Fincantieri S.p.A.）[①]，是意大利重要的重工业制造商，制造各类包括邮轮在内的不同船只。和常规的批量化造船产业相比，芬坎蒂尼的船舶制造非常具有意大利制造的特点，在大型的造船厂周边聚集着大量的小型设计和制作公司，作为大型福特式制造加工企业的补充。小型企业，特别是具有工艺传承性的家族企业，为大型邮轮和游艇企业带来了专业化和特殊的品质，以及难能可贵的活力和品位。无论是芬坎蒂尼、法拉帝（Ferretti Srl）[②]，更不用说瓦利（Wally）[③]等公司，这样的制造方式为意大利在高端制造、小批量、资本密集型的产品方面开辟了一个适应未来的市场。在此基础上独立于大型重工业之外的，具有"高度革新性的、企业化的、有创意的、具备盈利能力的、经营灵活的家庭手工业在意大利发展起来……在设计产业上也可以看到类似的二元模式：大型顾问公司始终依靠转包合同的自由设计师的灵活支持。这些设计师提供了重要的创造性优势。"【58】

① 芬坎蒂尼集团（Fincantieri S.p.A.）始创于 1780 年的意大利，是一家有悠久历史的高度全球化的造船集团，也是全球最大的邮轮制造商。

② 法拉帝（Ferretti Srl）集团是意大利两大游艇公司之一，也是世界上最大的游艇公司，法拉帝集团（Ferretti Group）旗下还陆续收购了其他 9 个其他游艇品牌（Pershing、Itama、Bertram、Riva、Apreamare、Mochi Craft、Custom Line、CRN 和 Wally），2012 年山东潍柴集团收购法拉帝集团 75% 的股份。

③ Wally 是意大利以设计大胆创新著称的游艇品牌，总是尝试最新科技和体验的结合。2019 年被法拉帝游艇集团收购。

©carnet-maritime.com

2018 年，爱马仕与游艇制造商 Wally 合作的 WHY（Wally-Hermes Yachts）也代表着小型邮轮另类的方向，那就是不仅可以更容易接近不同海岸环境，也更为环保和可持续。邮轮不必一定能全球航行，或者具备应对各种海况的能力，而是更适合在某些区域航行，提供水上的长期居住平台，更强调居住的品质和去往目的地的灵活性。

Wally-Hermes Yachts 内部
©Wally

Wally-Hermes Yachts 的外形设计

©Wally

采用了三角形船体，拥有令人惊叹的宽阔内部空间。在
船体顶部，全部铺设了可开启的太阳能充电板，在提供
日照的同时，还为全船的内部设施提供电力。

标准化的设计
Standardized Design

由于早期邮轮的曲面的船体造型的特殊性，邮轮的标准化仅限于设计层面，制造阶段只能以程序和标准的标准化为主。邮轮的模块化是指，始于设计阶段并延伸到制造和运营阶段的邮轮全生命周期，以标准化为手段提高设计和制造过程的效率以及邮轮的运行、运营效能的工作方向。在设计阶段，模块化可以同时兼顾产品策略的标准化和多样化。

在生产设计阶段，模块化在供应链设计、模块化生产、舾装和外包中都很重要。在运营阶段，模块化意味着灵活性，为船舶适应不断变化的市场、技术、法规和客户需求提供了机会。一般来说，设计中的模数化使设计人员能够基于原有设计进行二次设计，并且由于模数中隐藏的交互作用，通过简化使结构复杂性易于管理，可以对客房、套房、健身中心、厨房和洗衣房布局以及构造细节进行标准化设计。这种简化对整体的船舶设计是必要的，邮轮设计师必须有能力处理和平衡大量的子系统和多个利益相关者相互冲突的需求。

在生产设计阶段，模块化有可能实现了以下重要目标：

A.产品策略实现标准化和多样化，并可灵活订制；

B. 基于模数化设计，实现更高效的设计流程；

C. 通过模块化重组探索设计空间，支持基于模数构型的创新型设计；

D. 根据材料人工市场的波动情况，调整标准化的程度，以改善成本和造价。

邮轮采用的是后工业制造的方式，为特定性能进行的集成化设计，不采用也不可能采用福特时代工业生产的大量生产（mass production），而更像是采用批次生产（batch prodaction）的方法，小步快跑循序渐进的按订单生产，并按用户需要改进上一个批次的产品。

在船舶生产阶段，模块化提供了许多改进机会。首先，它的生产链更加灵活，定义清晰的模块化结构，为大量灵活的外包制造生产打开了大门；另外，更多的组件在工厂流水线上完成，为更高程度的自动化生产提供了基础，保证时间、质量、成本的优势，使企业更具有竞争力。在制造阶段，模块化对于以下方面非常重要：供应链设计和生产外包、模块化生产和早期舾装、采购包装。

预制模块化舱室单元在大型邮轮的建造过程中具有很大的优势，但是在设计过程中需要考虑很多因素，例如需要对舱室进行模数化设计，尽量使房间的规格相对统一；布置预制模块化舱室的甲板，要求尽量避免梁拱及抛势，影响预制模块化舱室上船安装定位精度；尽量减少设置立柱及钢围壁，对甲板底部的横梁及其加强提出了更高的要求。

预制舱室的标准化设计

预制模块化舱室单元（PMCU——Prefabricated Modular Cabin Unit），就是在陆地上对船舶居住舱室独立进行施工作业，即将整个舱室作为一个模块单元，在车间内将舱室内材料、家具、卫生单元、设备、电缆、管道、附件组装建成具有统一接口的、标准化的单元模块，然后整体吊装上船安装，以减少在船上作业的工作量，提升工作效率，缩短船舶建造周期。邮轮预制舱室单元是模块化的、完整的、标准的住舱系统，主要构成有6个方面：壁板／天花系统、舱室门、卫生单元、家具内饰、电气设备、各类管系等。

预制舱室的吊装和就位
©华南建材

©华南建材

邮轮的改造
Refitting of Cruise Ships

正如第二章总结讲到的，邮轮设计制造周期需要数年时间，现代社会风尚流转迅速，邮轮下水以后的运营一定有不确定的情况，会导致邮轮的再次开发和改造；同时如同陆地上的酒店总是在持续更新，邮轮改造和翻新对于邮轮产业的健康发展也起到决定性作用。这些改造小到更换地毯、壁纸、床品等易损材料，大到改换用途，加装游乐设备。5 年小更新，10 年大更新，甚至增加一段船身等干坞改造是邮轮改造的常规动作。预料到邮轮可能的频繁改造，设计师和造船厂在这一类空间设计上会预留一些便于改造的条件，如防火分隔、天花板和地坪设计、灯光和娱乐系统控制等都相对独立，同时预留各类预埋件、龙骨等必要的备件，以便应对日后的改造。

邮轮经常变换现有空间功能，如扩建成功经营的餐厅，增设健身设施或酒吧，或者将经营不善的空间改作他用。更新娱乐系统、紧跟时代潮流的灯光、水暖配件和其他设施需要更换都是可能的原因，市场的调整还可能会加快这一进程。在经营需要更多空间时，邮轮公司可能会考虑对现有邮轮进行加长、扩建、改造来满足市场需求，以赢得更大的利润，邮轮公司通过加长船只来扩大规模，方法是将船切成两半并插入一个新建造的中段（加长长度从 20 米—40 米不等，从而提供更多住宿和公共空间），同时改造不改变船的吃水深度。曾经加长的邮轮有超过十条以上，最近的例子有：海上魅力号（RCL）（2005），MSC Armonia（2014），MSC Lirica（2015），MSC Opera（2015），MSC Sinfonia（2015），Silver Spirit（2018）。这一类改造往往也负载着对新的条例和规范的回应，使旧的邮轮满足条例的变化。诺唯真邮轮为中国市场开发设计的"喜悦"号 2017 年下水，运营了一年，2018 年就退出中国市场转往美国运行，重新花费数千万美元改造了为中国市场设计的空间及功能，以适应美洲市场的需求。

随着时间的流逝，新的邮轮也会渐渐失去新鲜感——邮轮的风格和功能需要不断更新来反映时代气息，以保持竞争力，通过装备、顶层甲板的娱乐设施改建，以公众可持续发展兴趣为目标的绿色环保设备改造，改善后勤工作的设施，提高运营效率及服务质量，鼓舞员工士气都是改造的动因。进坞改造类项目在设计方面主要解决两个问题：如何使新的设计融入现有空间环境氛围、如何及时实现设计的可采购性。在施工方面，需要考虑高效性和对于不可预见问题的应变性。通常在改造工程前期筹备阶段，改造区域都处于运营状态，天花板、壁板和地坪都不宜进行破坏性勘察。在改造拆除过程中，易出现的状况需准备预案，因地制宜，利用有限的材料和资源解决突发状况，另一方面，内装改造工程的材料、家具的预制率要求也高于新造船。进坞改造通常是一个全球性工作，能提供受到邮轮公司和主要船级社认可的材料、设备、工艺的供应商们分布于世界各处，因此物流仓储通常是改造筹备的重点。

银海"银神"号的改造

2018年"银神"号由芬坎蒂尼公司进行了改造工程，将邮轮中部切开加进了一个15米长的预制段，这一改造为"银神"号增加了34个客舱。

"伊丽莎白女王 2" 号酒店

2008 年 11 月，"伊丽莎白女王 2 号"（QE2）在运营 40 年后退休，退役后被出售给 Dubai World，停靠在迪拜的码头，已被改造成一座浮动酒店。

"伊丽莎白女王2" 号的改造

上世纪 60 年代冠达的经典 "伊丽莎白女王 2" 号（QE2）为当时的航海舒适和优雅风格设定了标准，其影响广泛而深远。有意思的是，库纳德公司逐渐对它进行改造，去掉 60 年代现代主义的设计风格，取而代之的是更早的 30 年代风格，最终这艘当年最为现代的邮轮被改为一艘装饰艺术风格的 "复古" 船，唤起了人们对逝去的 "黄金时代" 的怀旧之情。具有讽刺意味的是，正是 20 世纪五六十年代经济的繁荣推进了西方社会的财富分配，促进了平等，打破了相对固定的社会，QE2 的现代主义形式是标示这一成果最好的代表，虽然中产阶级邮轮乘客即便在今天也不可能承受当年头等舱高昂的价格，但他们希望通过复古的 30 年代头等舱的风格来显示其成功和趣味。QE2 在 2018 年退役后，被改造为酒店，永久地停泊在迪拜；冠达的 1936 年下水的 "玛丽皇后" 号早在 1967 年就退役停靠在洛杉矶附近的长滩，成为 "玛丽皇后" 酒店。经典的邮轮最终获得了一种建筑的待遇，得以在服役几十年后继续存在，而其他的邮轮最终只能去往拆船厂进入下一个循环。

长滩"玛丽皇后"号邮轮酒店
©The Queen Mary

　　"玛丽皇后"号于1936年完成首航，在鼎盛时期，它是大西洋航线的领军者，各国皇室成员、温斯顿·丘吉尔、鲍勃·霍普、伊丽莎白·泰勒和沃尔特·迪士尼都曾是船上的贵宾。在第二次世界大战期间，"玛丽皇后"号服役于英国军队，完成了1001次运输任务。1967年，这艘传奇的明星邮轮被出售，此后被改造成酒店一直停泊在南加州。船上有餐厅、游泳池、美容院、图书馆、音乐工作室。

小 结
Summary

　　19 世纪的邮轮是铁路的延伸，是资本超越地理空间限制而实现的空间的自我生产的载体，而 20 世纪中后期的邮轮则是资本主义积累空间化转变的后现代代表。21世纪的邮轮发展需要更多地从人，特别是个人及小型群体的价值观出发，巡游体验的设计要求更多地代表人及用户来参与邮轮的商业和技术活动。中国邮轮产业的发展，是全球化的资本在中心——边缘的空间高差体系上流动造就的，还是中国的工业及消费升级造就的，这是个有意思的话题，但不在这里展开。本书读者需要理解的是，邮轮产业本质上是资本的空间化表达，邮轮并不是一种单纯技术，能简单地使用"引进、消化及吸收"来对应，伴随资本前来的是一个完整的场景，包含劳动实践、技术组合、消费文化和政治——经济结构的完整的西方发明和定义的邮轮场景，我们需要用"空间"方式来思考对应的方案，输入方的能动作用需要的不仅仅是定义，而要有具体的策略。巡游设计通过参与邮轮技术的组织对系统、环境、观念和价值进行构建，并实现了创新，成为技术和商业的链接体，能够更多地代表人和地域，特别是个人的价值观，进而发现时代和群体的核心的观念、价值和思想，将观念、价值和思想组成一种文化创新系统，并推动其在邮轮产业中寻求表现，作为商业和技术的一个加工搅拌器，对这个体系进行反思及修正。

新的诺亚方舟
©Waterstudio
Waterstudio 做了一个可以容纳 2 万人生活的海岛形的漂浮建筑，立体的
三角形，一侧有开口，可以让船只进入靠泊，借助洋流移动，通过潮汐
能以及风能获取绿色的能源。

附录1：邮轮中英文名称对照

爱达邮轮 / AIDA Cruises
1. "诺瓦"号 / AIDAnova
2. "珍珠"号 / AIDAPerla

嘉年华邮轮 / Carnival Cruise Line
1. "梦想"号 / Carnival Dream
2. "展望"号 / Carnival Vista
3. "狂欢节"号 / Mardi Gras

精致邮轮 / Celebrity Cruise Line
1. "爱极"号 / Celebrity Edge
2. "水影"号 / Celebrity Reflection

歌诗达邮轮 / Costa Cruises
1. "经典"号 / Costa Classica
2. "浪漫"号 / Costa Romantica
3. "炫目"号 / Costa Luminosa
4. "大西洋"号 / Costa Atlantica
5. "威尼斯"号 / Costa Venezia

冠达邮轮 / Cunard Cruise
1. "布列塔尼亚"号 / RMS Britannia
2. "毛里塔尼亚"号 / RMS Mauretania
3. "卢西塔尼亚"号 / RMS Lusitania
4. "阿奎塔尼亚"号 / RMS Aquitania
5. "玛丽皇后"号 / RMS Queen Mary
6. "玛丽皇后2"号 / RMS Queen Mary 2
7. "伊丽莎白女王2"号 / Queen Elizabeth 2

水晶邮轮 / Crystal Cruises
 "奋进"号 / Crystal Endeavor

迪士尼邮轮 / Disney Cruise Line
1. "迪士尼梦想"号 / Disney Dream
2. "迪士尼魔力"号 / Disney Magic
3. "迪士尼幻想"号 / Disney Fantasy
4. "迪士尼奇迹"号 / Disney Wonder

星梦邮轮 / Dream Cruises
1. "云顶梦"号 / Genting Dream
2. "世界梦"号 / World Dream

东方航运公司 / Eastern Navigation Company
 "大东方"号 / Great Eastern

跨大西洋海运公司 / CGT
 "诺曼底"号 / SS Normandie

大西方汽轮公司 / Great Western Steamship Company
1. 大西方号 / Great Western
2. 大不列颠号 / Great Britian

意大利航运公司 / Italian line
1. Conte Grande
2. Conte Biancamano
3. Andrea Doria
4. Giulio Cesare
5. Ocienia
6. Africa

地中海邮轮 / MSC Cruises
 "海平线"号 / MSC Seaside

北德意志劳埃德公司 / North German Lloyd

1. "不来梅"号 / SS Bremen

2. "欧罗巴"号 / SS Europa

3. "柏林"号 / SS Berlin

汉堡－美洲航运公司

/ Hamburg–Amerikanische Packetfahrt

–Aktien–Gesellschaft (HAPAG)

"阿古斯塔·维多利亚皇后"号

/ SS Kaiserin Auguste Victoria

诺唯真邮轮 / Norwegian Cruises

1. "喜悦"号 / Norwegian Joy

2. "诺唯真之晨"号 / Norwegian Dawn

3. "遁逸"号 / Norwegian Escape

丽兹卡尔顿邮轮

/ The Ritz–Carlton Yacht Collection

"发现"号 / Evrima

P&Olines

"堪培拉"号 / SS Canberra

皇家加勒比国际游轮

/ Royal Caribbean International

1. "海洋光谱"号 / Spectrum of the Seas

2. "海洋量子"号 / Quantum of the Seas

3. "海洋和谐"号 / Harmony of the Seas

4. "海洋交响"号 / Symphony of the Seas

5. "海洋赞礼"号 / Ovation of the Seas

6. "海洋绿洲"号 / Oasis of the Seas

7. "海洋魅力"号 / The Allure of the Seas

8. "挪威之歌"号 / Song of Norway

公主邮轮 / Princess Cruises

"蓝宝石公主"号 / Sapphire Princess

美国航运公司 / United States Lines

"美国"号 / SS United States

维珍邮轮 / Virgin Voyages

"猩红女郎"号 / The Scarlet Lady

白星邮轮 / White Star Lines

"泰坦尼克"号 / RMS Titanic

风星邮轮 / Windstar Cruises

"风神"号 / Wind Surf

附录 2：邮轮尺度参数信息

1. **总吨（GT）**：作为适用于船舶测量单位起源于英格兰的摩尔森（GeorgeMoorsom）先生，并于 1854 年的英国吨位法中首次体现在法律中。之后几乎所有国家都采用了摩尔森船舶测量规则。

2. **注册总吨位（GRT）**：船舶内及甲板下所有围壁空间注册的容积总和，1 GRT=2.83 立方米（100 立方英尺）。注册总吨位是邮轮最常用的衡量参数指标，也是业界划分邮轮大小的重要依据。

3. **高度（Height/Maximum height）** 是指邮轮最高点至船体与水面接触线的垂直距离。

4. **宽度（Beam)** 是指邮轮的型宽，通常是指船体最宽的宽度（往往不是邮轮最宽地方的尺寸，上层建筑由于出挑可能是邮轮最宽的地方）。

5. **长度（Length over all/LOA）** 是指邮轮从首端至尾端的最大水平距离。

6. **容量（Capacity)**：邮轮容量是低层床位数量的统计（不包括船员及服务人员床位数），是一种标准的容量。同时邮轮还有最大容量，则是低层床位，加上加床来计算的，但底层床位容量是许多计算统计的基础数据。邮轮的载客数量（Number of Passengers）和客舱数量（Number of Cabins）常被业界用来衡量邮轮的接待能力。

7. **空间比率（Space Ratio）**：邮轮的空间比率表示邮轮满员时人均拥有的"空间"，也叫客容比，它是衡量邮轮规模的一个重要指标。中国船级社（CCS）有个同义名词是：乘客人均吨位。空间比率（客容比）= 容积吨位 / 邮轮的载客量（单位：1 GRT/ 人 =2.83 立方米 / 人）邮轮的空间比率越高，邮轮越宽敞。因为邮轮的客容比是以满员为计算单位的，所以在没有满员的情况下，邮轮不那么拥挤，楼梯、甲板、餐厅、表演厅及娱乐活动场所都很宽敞。大多数邮轮的空间比率为 25—40，而空间比率越高，这艘邮轮的日平均价格就有可能越高。空间比率是体现舒适度和宽敞程度的主要指标，所以是邮轮的重要指标之一。

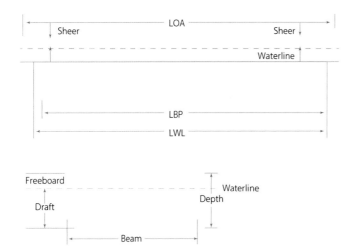

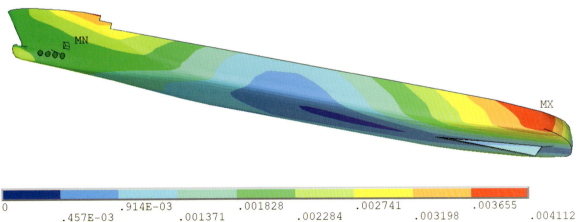

附录 3: 船体的受力

有多种力量会作用于穿过水体的船体上，虽然波浪对船体的作用
力是一样的，船体受力方式在很大程度上由建造目标决定。拖船显
然和集装箱船受力是不同的。

一艘船上的受力模型非常复杂，很大程度上取决于下列参数:

- 空船的重量 (轻船舶的重量)
- 重量和分布
- 货物、燃料、压载、补给等
- 静水压力船体
- 由于运动带来的流体受力
- 发动机、螺旋桨及锚链运动带来的振动
- 靠岸及可能碰撞受力
- 浮冰

对应这些受力，船体的形状虽有规律，但也非常不同; 总的目标是
一样的，就是保持船只的漂浮和运动的能力及控制。

参考文献

[1]（英）约翰·厄里，乔纳斯·拉森.游客的凝视 [M].黄宛瑜，译.上海：格致出版社，上海人民出版社，2016.

[2]（英）尼古拉斯·佩夫斯纳.现代设计的先驱者——从威廉·莫里斯到格罗皮乌斯 [M].王申祐，译.北京：中国建筑工业出版社，1987.

[3]（法）马赛尔·莫斯，爱弥尔·涂尔干，亨利·于贝尔.论技术、技艺与文明 [M].（法）纳丹·施郎格，选编.蒙养山人，译.北京：世界图书出版社，2010.

[4]（法）勒·柯布西耶.走向新建筑 [M].陈志华，译.北京：商务印书馆，2016.

[5]（英）彼得·柯林斯.现代建筑思想的演变 1750—1950[M].英若聪，译.北京：中国建筑工业出版社，1987.

[6]（美）安迪·斯坦因.如何把欢乐变成财富 [M].林燕，林凤来，译.福州：福建人民出版社，2015.

[7]（美）罗伯特·文丘里，丹尼尔·斯科特·布朗，斯蒂文·艾泽努尔.向拉斯维加斯学习 [M].徐怡芳，王健，译.南京：江苏凤凰科学技术出版社，2017.

[8]（法）让·鲍德里亚.消费社会 [M].刘成富，全志钢，译.南京：南京大学出版社，2014.

[9]（美）布莱恩·阿瑟.技术的本质：技术是什么，它是如何进化的 [M].曹东溟，王健，译.杭州：浙江人民出版社，2018.

[10]（德）迈克尔·勒威克，帕特里克·林克，拉里·利弗.设计思维手册：斯坦福创新方法论（Kindle 版本）[M].高馨颖，译.北京：机械工业出版社，2019.

[11] 中船第九设计研究院工程有限公司.邮轮功能研究 [M].上海：同济大学出版社，2018.

[12]（美）理查德·H·彭奈儿，劳伦斯·亚当斯，斯蒂芬妮·K.A·罗宾逊.酒店设计规划与开发 [M].周莹，阎立君，译.桂林：广西师范大学出版社，2015.

[13]（美）罗伯特·文丘里.建筑的复杂性与矛盾性 [M].周卜颐，译.北京：中国建筑工业出版社，1991.

[14]（日）Experience Design Studio 体验设计工作室.体验设计：创意就为改变世界 [M].赵新利，译.北京：中国传媒大学出版社，2015.

[15]（美）道格拉斯·霍尔特，道格拉斯·卡梅隆.文化战略：以创新的意识形态建构独特的文化品牌 [M].汪凯，译.北京：商务印书馆，2013.

[16]（英）盖伊·朱利耶.设计的文化 [M].钱凤根，译.南京：译林出版社 2015.

[17]（英）阿德里安·福蒂.欲求之物：1750 年以来的设计与社会 [M].苟娴煜，译.南京：译林出版社，2014.

[18]（荷）代尔夫特理工大学工业设计工程学院.设计方法与策略：代尔夫特设计指南 [M].倪裕伟，译.武汉：华中科技大学出版社，2016.

[19] 美国迪士尼学院，（美）西奥多·齐尼.迪士尼体验：米奇王国的魔法服务之道 [M].黄昌勇，周晓健，译.北京：北京大学出版社，2016.

[20]（美）B·约瑟夫·派恩，詹姆斯·H·吉尔摩.体验经济 [M].夏业良，曹炜，译.北京：机械工业出版社，2008.

[21]（美）奇普·希思，丹·希思.行为设计学：打造峰值体验（Kindle 版本）[M].靳婷婷，译.北京：中信出版社，2018.

[22]（美）大卫·林登.寻找爽点（Kindle 版本）[M].覃薇薇，译.杭州：浙江人民出版社，2018.

[23] 郑也夫.后物欲时代的来临（Kindle 版本）[M].北京：中信出版社，2016.

[24]（美）玛丽·劳尔·瑞安.故事变身 [M].张新军，译.北京：译林出版社，2014.

[25]（意大利）Massimo Musio-Sale.游艇设计：从概念到实物 [M].涂山，等，译.北京：中国水利水电出版社，2017.

[26]（美）托斯丹·凡勃伦.炫耀性消费（Kindle 版本）[M].任海音，译.北京：中国对外翻译出版有限公司，2012.

[27]（英）G·勃罗德彭特.建筑设计与人文科学 [M].张韦，译.北京：中国建筑工业出版社，1990.

[28]（英）约翰·沃克，朱迪·阿特菲尔德.设计史与设计的历史 [M].周丹丹，易菲，译.南京：江苏美术出版社，2011.

[29]（美）鲁道夫·阿恩海姆.视觉思维：审美直觉心理学 [M].滕守尧，译.成都：四川人民出版社，1998.

[30]（德）黑格尔.美学 [M].朱光潜，译.北京：北京大学出版社，2017.

[31] 刘淄楠.大洋上的绿洲：中国游轮这十年 [M].北京：作家出版社，2019.

[32]（美）Andy Polaine，Lavrans Lovlie，Ben Reason.服务设计与创新实践 [M].王国胜，张盈盈，付美平，赵芳，译.北京：清华大学出版社，2015.

[33]（美）Patrick Newbery，Kevin Farnham.体验设计：一个整合品牌、体验与价值的框架 [M].邹其昌，全行，译.北京：电子工业出版社，2017.

[34]（日）樽本徹也.用户体验与可用性测试 [M].陈啸，译.北京：人民邮电出版社，2015.

[35] Ross Dowling，Clare Weeden.Cruise Ship Tourism[G].CABI，2019.

[36] Craig A. Munsart. A Cruise Ship Primer-History & Operation[M].Schiffer Publishing，2015.

[37] Klass Van Dokkum.Ship Knowledge[M].Dokmar Marintime Publisher B.V.，2011.

[38] Gary · Bembridge. The Cruise Traveler's Handbook： How to find and enjoy unforgettable cruise vacations[M].Full Flight Press，2021.

[39] Philip Dawson.Cruise Ships-An Evolution in Design[M].Conway Maritime，2000.

[40] Philip Dawson，Bruce Peter.Ship Style[M].Conway，2011.

[41] Douglas Ward.Berlitz 2019 Cruising & Cruise Ships[M].Apa Publications（UK）Ltd.，2018.

[42] Aaron Saunders.Giants of the Seas[M].Seaforth Publishing，2013.

[43] Peter C.Smith.Cruise Ships：The World's Most Luxurious Vessels[M].Pen & Sword Maritime，2010.

[44] 胥苗苗 . 巴拿马运河扩建如何改写航运版图 [J]. 中国船检，2016（06）：38-41.

[45] 特里 · 欧文 . 过渡设计：系统级变更的设计 [J]. 装饰，2018（10）：12-16.

[46] 涂山，吴婷婷 . 邮轮还是游轮 [J]. 艺术与设计（理论），2021，2（03）：69-73.

[47] 涂山 . 邮轮上的需求和消费符号的变迁 [J]. 工业工程设计，2021，3（01）：76-82.

[48] 田云 . 技术系统的社会构建 [J]. 世界科学，1993（01）：51

[49] 晋军 . 结构的力量："泰坦尼克号"上的生与死 [J]. 读书，2016（08）：77-83

[50] Ugo Savino.Exceeding expectations every time[J].Cruise&Ferry Itinerary Planning Special Report 2016：2.

[51] 骆行有 . 邮轮船型特征及船型参数分析 [J]. 船舶工程，2021，43（S1）：188-193+222.

[52] 朱园园，程爵浩 . 全球邮轮船型参数发展趋势研究 [J]. 海洋开发与管理，2021，38（07）：37-42.

[53] 朱永斌，蒋旻昱 . 基于游客行为的现代邮轮空间设计研究 [J]. 工业设计，2021（04）：92-93.

[54] 石晶，朱亚楠，万敏 . 芬坎蒂尼豪华邮轮建造的生产组织模式与启示 [J]. 中国水运，2021（04）：53-56.

[55] 张永锋 . 新发展格局下上海国际航运中心建设目标及路径研究 [J]. 航海，2021（02）：4-7.

[57] 田壮，崔笑声 . 空间体验与叙事——中国首制邮轮的设计方法分析 [J]. 艺术与设计（理论），2021，2（03）：64-68.

[58] 衣博文，史达 . 文化适应与文化认同：基于中国邮轮游客的行为研究 [J]. 云南民族大学学报（哲学社会科学版），2021，38（02）：19-29.

[59] 徐欣，邓洁文，闫丽姣 . 邮轮发展与艺术设计演变 [J]. 工业工程设计，2021，3（01）：65-75+82.

[60] 房泉，马网扣，鲁鼎 .IMO 邮轮复673指南及应对措施解析 [J]. 船舶工程，2021，43（01）：14-20.

[61] 孙晓东，林冰洁 . 谁主沉浮？全球邮轮航线网络结构及区域差异研究 [J]. 旅游学刊，2020，35（11）：115-128.

[62] 方茹茹，马仁锋，朱保羽，解鹏超 . 世界邮轮建造业的空间演化与区位分析 [J]. 世界地理研究，2021，30（01）：148-156.

[63] 丁小文 . 基于携程网在线文本分析的海洋量子号邮轮游客感知研究 [D]. 桂林理工大学，2020.

[64] 陆邵明，谭正 . 国际邮轮品牌与相关艺术设计初探 [J]. 设计艺术研究，2020，10（03）：5-11.

[65] 吴卫国，潘长学 . 大型豪华邮轮设计研发关键技术探析 [J]. 船舶工程，2020，42（01）：18-21.

[66] Rebecca Kleinman.This New $5 Billion Class of Cruise Ships Exceeds the Boundaries of Innovation[EB/OL].（2017-03-15）.

      https：//www.architecturaldigest.com/story/celebrity-edge-cruise-ship-nate-berkus.

[66] Karin R. Webb，Scott M. Gende. Activity Patterns and Speeds of Large Cruise Ships in Southeast Alaska[J]. Coastal Management，2015（1）43.

[67] Ayesha Khan.Aboard the World's Most High-Design Cruise Ship[EB/OL].（2019-01-03）.

      https：//www.architecturaldigest.com/story/celebrity-edge-design.

[68] Beachapedia.Cruise ship pollution the problem[EB/OL].（2020-10-27）. http：//www.beachapedia.org/Cruise_Ship_Pollution#cite_note-8.

[69] Ayesha Khan. Secrets of a cruise ship designer[EB/OL].（2017-10-27）. https：//www.cntraveler.com/story/secrets-of-a-cruise-ship-designer.

[70] Stephanie Newton.Meet Callie Tedder-Hares creative director for vigin vayages' first vessl[EB/OL].（2019-05-03）.

　　https：//cruiseshipinteriors-expo.com/meet-callie-tedder-hares-creative-director-for-virgin-voyages-first-vessel.

[71] 京京 . 迪士尼邮轮（Disney Cruise Line）攻略——梦想号，魔力号，奇观号，幻想号有什么不同？[EB/OL].（2020-02-07）.

　　https：//www.dealmoon.com/guide/934624?x_from_site=us.

[72] Augusta Pownall. Kelly Hoppen-designed cruise ship features a moving cantileveredn exterior deck[EB/OL].（2019-01-18）.

　　https：//www.dezeen.com/2019/01/18/kelly-hoppen-celebrity-edge-cruise-ship-moving-deck-design.

[73] Natashah Hitti.Tom Dixon designs retro-futurist suites for Virgin's first cruise ship[EB/OL].（2019-01-16）.

　　https：//www.dezeen.com/2019/01/16/tom-dixon-scarlett-lady-virgin-voyages-cruise-ship-design.

[74] 袁军，张晓飞，张志强 . 广船批量制作海上客房，这个技术颠覆了过去对造船认识 [EB/OL].（2020-05-17）.

　　https：//www.sohu.com/a/395677167_120407443.

[75] Richard H. Wagner.The art of design cruise ships：A conversation with ship archtitect Joseph Farcus[EB/OL].（2019-01-18）.

　　https：//beyondships.com/Carnival-art-Farcus.html.

[75] Britton Frost. Viking Highlights New Expedition Voyages[EB/OL].（2020-01-19）.

　　https：//www.avidcruiser.com/2020/01/viking-highlights-new-expedition-voyages.

[77] 汪泓 . 邮轮绿皮书：中国邮轮产业发展报告（2014）[M]. 北京：社会科学文献出版社，2014.

[78] 汪泓 . 邮轮绿皮书：中国邮轮产业发展报告（2020）[M]. 北京：社会科学文献出版社，2020.

[79] 中国船级社 . 邮轮规范 [S]. 北京：人民交通出版社，2017.

[80] 中国国家旅游局 . 旅游饭店星级的划分与评定 GB/T 14308-2010[S]. 北京：中国标准出版社 .

[81] 比达咨询 . 2018 年中国在线邮轮市场年度报告 [EB/OL].（2019-01-11）. http：//www.bigdata-research.cn/content/201901/914.html.

[82] Cheryl Rosen，CLIA Identifies Top Cruise Trends for 2019，Selling Tips for Agents.[EB/OL].（2018-12-17）.

　　https：//www.travelmarketreport.com/articles/CLIA-Identifies-Top-Cruise-Trends-for-2019-Selling-Tips-for-Agents.

[83] Kennedy，R.D. An investigation of air pollution on the decks of 4 cruise ships[EB/OL].（2019-01-24）.

　　https：//www.stand.earth/publication/markets-vs-climate/carnivals-cruise-pollution/investigation-air-pollution-decks-4-cruise

网络信息参考来源

邮轮网络媒体：

Cruise Market Watch：http://www.cruisemarketwatch.com

GP Wild International Ltd：http://www.gpwild.co.uk/index.html

Cruise Ship Deaths：http://www.cruiseshipdeaths.com

Cruise Junkie：http://www.cruisejunkie.com

Cruise Critic：http://www.cruisecritic.com

Cruise Europe：http://www.cruiseeurope.com/statistics

MedCruise：http://www.medcruise.com

Cruise Mapper：http://www.cruisemapper.com

比达咨询数据中心：http://www.bigdata-research.cn

邮轮运营制造公司、行业组织：

Avalon: https://www.avalonwaterwavs.com/

Carnival：https://www.carnival.com/

Celebrity：https://www.celebritycruises.com

Costa：https://www.costachina.com

Costa：https://www.costacruises.com

Crystal Cruises: https://www.crvstalcruises.com/

Fred Olsen: https://www.fredolsencruises.com/

Genting HK: https://www.aentincihk.com/

Hapag-Lloyd: https://www.hl-cruises.com/

Iberocruceros: https://www.costacruceros.es/

MSC Cruises: https://www.msccruises.co.za/

Norwegian Cruise Line: https：//www.ncl.com/

Orion: https：//au.exDeditions.com/

Paul Gauguin: https：//www.DQcruises.com/

RCCL：https://www.rcclchina.com.cn

SilverSea: https：//www.silversea.com/

Uniworld: https：//uniworld.com/

Windstar: https：//www.xanterra.com/what-we-do/cruisMs/

Cruise Lines International Association (CLIA)：https://www.cruising.org/

Friends of the Earth：https://www.foe.org/cruise-report-card

Florida Caribbean Cruise Association：http://www.f-cca.com/research.html

Fincantieri S.p.A：https://www.fincantieri.com/en

Meyer Werft GmbH：https://www.meyerwerft.de/en/

英国劳氏船级社：https://www.lr.org/

IMO：www.imo.org

设计事务所：

Atkins：https://m.atkinsglobal.com

HBA：https://hba.com

Gensler：https://www.gensler.com

Kelly Hoppen Interior：https://kellyhoppeninteriors.com

Jouin Manku：http://www.patrickjouin.com/en/projects/jouin-manku/

Partner Ship Design：https://psd.de/en/shipdesign

Patricia Urquiola：https://patriciaurquiola.com

RTKL：https://www.callisonrtkl.com

Water Studio：https://www.waterstudio.nl

Wilson Bulter Architects：https://www.wilsonbutler.com/

WKK：https://wkkarchitects.com

北京清尚建筑设计研究院：http://www.qingshangsj.com

234

索　引

【1】（英）约翰·厄里，乔纳斯·拉森.游客的凝视 [M].黄宛瑜，译.上海：格致出版社，上海人民出版社，2016.P138

【2】（英）尼古拉斯·佩夫斯纳.现代设计的先驱者——从威廉·莫里斯到格罗皮乌斯 [M].王申祐，译.北京：中国建筑工业出版社，1987.P10

【3】（英）尼古拉斯·佩夫斯纳.现代设计的先驱者——从威廉·莫里斯到格罗皮乌斯 [M].王申祐，译.北京：中国建筑工业出版社，1987.P105

【4】晋军.结构的力量："泰坦尼克号"上的生与死 [J].读书，2016（8）:77-83

【5】（法）马赛尔·莫斯，爱弥尔·涂尔干，亨利·于贝尔.论技术、技艺与文明 [M].（法）纳丹·施郎格，选编.蒙养山人，译.北京：世界图书出版社，2010.P138

【6】（法）勒·柯布西耶.走向新建筑 [M]陈志华，译.北京：商务印书馆，2016.P81

【7】（英）彼得·柯林斯.现代建筑思想的演变 1750—1950[M].英若聪，译.北京：中国建筑工业出版社，1987.P229

【8】Philip Dawson，Bruce Peter.Ship Style[M].Conway，2011.P116

【9】Philip Dawson，Bruce Peter.Ship Style[M].Conway，2011.P201

【10】（美）罗伯特·文丘里，丹尼尔·斯科特·布朗，斯蒂文·艾泽努尔.向拉斯维加斯学习 [M].徐怡芳，王健，译.南京：江苏凤凰科学技术出版社，2017.P99

【11】（法）让·鲍德里亚，消费社会 [M].刘成富，全志钢，译.南京：南京大学出版社，2014.P3

【12】（英）约翰·厄里，乔纳斯·拉森.游客的凝视 [M].黄宛瑜，译.上海：格致出版社，上海人民出版社，2016.P138

【13】（法）让·鲍德里亚，消费社会 [M].刘成富，全志钢，译.南京：南京大学出版社，2014.P5

【14】胥苗苗.巴拿马运河扩建如何改写航运版图 [J].中国船检，2016（06）:38-41

【15】（美）布莱恩·阿瑟.技术的本质：技术是什么，它是如何进化的 [M].曹东溟，王健，译.杭州：浙江人民出版社，2018.P215-216

【16】（德）迈克尔·勒威克，帕特里克·林克，拉里·利弗.设计思维手册：斯坦福创新方法论，Kindle 版本 [M].高馨颖，译.北京：机械工业出版社，2019.P719

【17】Douglas Ward.Berlitz 2019 Cruising & Cruise Ships[M].Apa Publications（UK）Ltd.，2018.P51

【18】（美）理查德·H·彭奈儿，劳伦斯·亚当斯，斯蒂芬妮·K.A 罗宾逊.酒店设计规划与开发 [M].周莹，阎立君，译.桂林：广西师范大学出版社，2015.P312

【19】（美）罗伯特·文丘里.建筑的复杂性与矛盾性 [M].周卜颐，译.北京：中国建筑工业出版社，1991.P75

【20】Douglas Ward.Berlitz 2019 Cruising & Cruise Ships[M].Apa Publications（UK）Ltd.，2018.P73

【21】根据同程旅游研究院"在线旅游用户邮轮旅游认知度与消费趋势研究报告 2016"以及清华大学 2019 中国邮轮游客画像研究报告问卷调查，船上乘客的年龄组成，二次消费比例，以及最感兴趣的休闲娱乐项目排序等问题，以及调研小组上船调研（光谱号、辉煌号、世界梦号和威尼斯号）得出的结论。

【22】（日）Experience Design Studio 体验设计工作室.体验设计：创意就为改变世界 [M].赵新利，译.北京：中国传媒大学出版社，2015.P16

【23】特里·欧文.过渡设计：系统级变更的设计 [J].装饰，2018（10）:12-16.P12

【24】（美）道格拉斯·霍尔特，道格拉斯·卡梅隆.文化战略：以创新的意识形态建构独特的文化品牌 [M].汪凯，译.北京：商务印书馆，2013.P178

【25】（英）盖伊·朱利耶.设计的文化 [M].钱凤根，译.南京：译林出版社，2015.P26

【26】（美）道格拉斯·霍尔特，道格拉斯·卡梅隆.文化战略：以创新的意识形态建构独特的文化品牌 [M].汪凯，译.北京：商务印书馆，2013.P177

【27】（美）道格拉斯·霍尔特，道格拉斯·卡梅隆.文化战略：以创新的意识形态建构独特的文化品牌 [M].汪凯，译.北京：商务印书馆，2013.P177

【28】（英）阿德里安·福蒂.欲求之物：1750年以来的设计与社会[M].苟娴煜，译.南京：译林出版社，2014.P283

【29】（荷）代尔夫特理工大学工业设计工程学院.设计方法与策略：代尔夫特设计指南[M].倪裕伟，译.武汉：华中科技大学出版社，2014.P55

【30】（美）安迪·劳.活在网络里——大升级时代的人类新进化[M].郑长青，译.北京：电子工业出版社，2018.P23

【31】（英）约翰·厄里，乔纳斯·拉森.游客的凝视[M].黄宛瑜，译.上海：格致出版社，上海人民出版社，2016.P3

【32】Ugo Savino.Exceeding expectations every time[J].Cruise&Ferry Itinerary Planning Special Report 2016.P2

【33】（法）让·鲍德里亚.消费社会[M].刘成富，全志钢，译.南京：南京大学出版社，2014.P3

【34】美国迪士尼学院，（美）西奥多·齐尼.迪士尼体验：米奇王国的魔法服务之道[M].黄昌勇，周晓健，译.北京：北京大学出版社，2016.P18

【35】（美）B·约瑟夫·派恩，詹姆斯·H·吉尔摩.体验经济[M].夏业良，曹炜，译.北京：机械工业出版社，2008.P7

【36】美国迪士尼学院，（美）西奥多·齐尼.迪士尼体验：米奇王国的魔法服务之道[M].黄昌勇，周晓健，译.北京：北京大学出版社，2016.P18

【37】（美）B·约瑟夫·派恩，詹姆斯·H·吉尔摩.体验经济[M].夏业良，曹炜，译.北京：机械工业出版社，2008.P59

【38】（法）让·鲍德里亚.消费社会[M].刘成富，全志钢，译.南京：南京大学出版社，2014.P97

【39】（英）约翰·厄里，乔纳斯·拉森.游客的凝视[M].黄宛瑜，译.上海：格致出版社，上海人民出版社，2016.P140

【40】（美）奇普·希思，丹·希思.行为设计学：打造峰值体验（Kindle版本）[M].靳婷婷，译.北京：中信出版社，2018.P34-35

【41】郑也夫.后物欲时代的来临（Kindle版本）[M].北京：中信出版社，2016.P316-344

【42】（美）大卫·林登.寻找爽点（Kindle版本）[M].覃薇薇，译.杭州：浙江人民出版社，2018.P364

【43】（英）约翰·厄里，乔纳斯·拉森.游客的凝视[M].黄宛瑜，译.上海：格致出版社，上海人民出版社，2016.P138，

【44】（英）盖伊·朱利耶.设计的文化[M].钱凤根，译.南京：译林出版社，2015.P179

【45】（英）盖伊·朱利耶.设计的文化[M].钱凤根，译.南京：译林出版社，2015.P180

【46】Cheryl Rosen，CLIA Identifies Top Cruise Trends for 2019，Selling Tips for Agents.[EB/OL].（2018-12-17）.
https://www.travelmarketreport.com/articles/CLIA-Identifies-Top-Cruise-Trends-for-2019-Selling-Tips-for-Agents.

【47】Kennedy，R.D. An investigation of air pollution on the decks of 4 cruise ships[EB/OL].（2019-01-24）.
https://www.stand.earth/publication/markets-vs-climate/carnivals-cruise-pollution/investigation-air-pollution-decks-4-cruise

【48】Karin R. Webb，Scott M. Gende. Activity Patterns and Speeds of Large Cruise Ships in Southeast Alaska[J]. Coastal Management，2015（1）43.

【49】（英）盖伊·朱利耶.设计的文化[M].钱凤根，译.南京：译林出版社 2015.P239

【50】（英）G·勃罗德彭特.建筑设计与人文科学[M].张韦，译.北京：中国建筑工业出版社，1990.P380

【51】（美）布莱恩·阿瑟.技术的本质：技术是什么，它是如何进化的[M].曹东溟，王健，译.杭州：浙江人民出版社，2018.P99

【52】田云.技术系统的社会构建[J].世界科学，1993（01）.P51

【53】（意大利）Massimo Musio-Sale.游艇设计：从概念到实物[M].涂山，等，译.北京：中国水利水电出版社，2017.P251

【54】中国船级社.邮轮规范[S].北京：人民交通出版社，2017.P34，P41-43

【55】（英）G·勃罗德彭特.建筑设计与人文科学[M].张韦，译.北京：中国建筑工业出版社，1990.P92

【56】（美）布莱恩·阿瑟.技术的本质：技术是什么，它是如何进化的[M].曹东溟，王健，译.杭州：浙江人民出版社，2018.P35

【57】（英）约翰·沃克，朱迪·阿特菲尔德.设计史与设计的历史[M].周丹丹，易菲，译.南京：江苏美术出版社，2011.P139

【58】（英）盖伊·朱利耶.设计的文化[M].钱凤根，译.南京：译林出版社 2015.P23

感 谢
Acknoledgments

　　本书是协作的成果，其中，北京清尚建筑设计院水岸空间设计所的徐朝琦与我以对谈互动的方式形成了第二、三章的主要框架；中船第九设计研究院是在邮轮内装设计及工程上领先的单位，在邮轮内装设计研究中心徐欣主任的带领下，叶笛、何宁、潘溜溜、于莉、冷煜参与了第四章中构造及材料、环境物理舒适度控制、标准化模块化等亟需实践经验的专题内容的写作；同程旅游研究院无私地提供了"2016 在线旅游用户邮轮旅游认知度与消费趋势研究报告"，并分享了同程旅游宝贵的运营和调研数据，为本书的写作奠定了坚实的基础。晓帆、田旭东、白明康、王守强、杨潇辉、何肖肖、周静琦、肖丽杰、徐涛、米佳琪等也为本书提供了大量支撑性的研究资料；吴婷婷、李金铭、孙丽媛组成的编辑小组，花费了大量时间，甚至是假期，为全书进行信息及文字整理、图片组织、索引、图片版权查询、文字勘误等工作。其中，孙丽媛在绘图、排版设计上付出了大量精力，将本书编排成形。没有他们的参与，本书不可能得以出版。

　　本书图片除了作者及作者的团队拍摄、制作以外，还要特别感谢中国交通运输协会邮轮游艇分会郑相宜协助联系邮轮公司授权书中图片引用，感谢 Royal Caribbean International，Costa CrociereRTKL，WaterStudio，WBA，RETOURS，University of Greenwich，Gio Ponti Archives，Architects，Callison RTKL，Jouin Manku，KNUD E. HANSEN，Waterstudio 格林尼治大学等单位授权使用相关的图片，感谢我的学生张振勇、高斯宇、柳玥霖、王子瑶、王之月、巫鑫洁、庞蕾提供他们作业的图片供本书使用；另外本书采用了一些源于网络的图片，虽然通过邮件进行了联系，但有一部分未能得到回复，考虑到书籍的完整性不忍删减，在这里一并表示感谢。如对图片版权有异议，请与我联系。

　　赵健教授对本书从装帧设计到印刷进行了全程指导，由郭紫玉完成全书的设计、样书的制作及印刷的监制，使得本书具备了较高的设计水准和阅读体验。感谢江苏凤凰出版社方立松主编、许逸灵编辑耐心审校、督导进度，使得本书能够顺利出版。需要一并感谢的还有清华大学美术学院副院长方晓风教授和蔡军教授的帮助、支持和建议；中船外高桥造船厂陈虹副总设计师在成稿后给予的中肯意见和宝贵鼓励，帮我厘清了邮轮的一些概念，建立了系统和方向。

　　特别感谢清华大学美术学院院长鲁晓波教授对邮轮研究的一贯支持，以及再次为我编著的书写下序言。

感谢对本书以及相关研究提供支持的单位：
中船外高桥造船厂
北京清尚建筑设计研究院
中船集团第九设计研究院
同程旅游
中国交通运输协会邮轮游艇分会
信中利集团
清华大学教育基金会

本书由清华大学美术学院及信中利集团汪潮涌
学长发起成立的清华大学水上环境及帆船教育交流
基金支持出版。

图书在版编目（CIP）数据

邮轮体验设计 / 涂山著. -- 南京: 江苏凤凰美术
出版社, 2021.11
　ISBN 978-7-5580-9260-2

　Ⅰ.①邮… Ⅱ.①涂… Ⅲ.①旅游船—船舶设计
Ⅳ.①U674.110.2

　中国版本图书馆CIP数据核字（2021）第210415号

责任编辑　许逸灵

责任监印　唐　虎

责任校对　刁海裕

设计指导　赵　健

装帧设计　郭紫玉

书　　名　邮轮体验设计
著　　者　涂　山
出版发行　江苏凤凰美术出版社（南京市湖南路1号　邮编: 210009）
出版社网址　http://www.jsmscbs.com.cn
印　　刷　天津图文方嘉印刷有限公司
开　　本　787mm×1092mm　1/16
印　　张　15.5
版　　次　2021年11月第1版　2021年11月第1次印刷
标准书号　ISBN 978-7-5580-9260-2
定　　价　118.00元

营销部电话　025-68155792　营销部地址　南京市湖南路1号
江苏凤凰美术出版社图书凡印装错误可向承印厂调换